《岭南文化书系》编委会名单

岭南文化书系

广府文化丛书

广府先贤

戢斗勇 编著

暨南大學出版社
JINAN UNIVERSITY PRESS
中国·广州

图书在版编目（CIP）数据

广府先贤/戢斗勇编著. —广州：暨南大学出版社，2011.8
（岭南文化书系·广府文化丛书）
ISBN 978-7-81135-786-8

Ⅰ.①广… Ⅱ.①戢… Ⅲ.①历史人物—生平事迹—广东省
Ⅳ.①K820.865

中国版本图书馆 CIP 数据核字(2011)第 052081 号

出版发行：暨南大学出版社

出 版 人：徐义雄
责任编辑：崔军亚
责任校对：黄 颖

地　　址：中国广州暨南大学
电　　话：总编室（8620）85221601
　　　　　营销部（8620）85225284　85228291　85228292（邮购）
传　　真：（8620）85221583（办公室）　85223774（营销部）
邮　　编：510630
网　　址：http://www.jnupress.com　http://press.jnu.edu.cn

排　　版：广州市天河星辰文化发展部照排中心
印　　刷：深圳市新联美术印刷有限公司

开　　本：787mm×1092mm　1/16
印　　张：12.875
字　　数：200 千
版　　次：2011 年 8 月第 1 版
印　　次：2011 年 8 月第 1 次

定　　价：56.00 元

岭南文化书系·前言

五岭以南，素称岭南，岭南文化即岭南地区的人民千百年来形成的具有鲜明特色和绵长传统的地域文化，是中华文化的重要组成部分。由于偏处一隅，岭南文化在秦汉以前基本上处于自我发展的阶段，秦汉以后与中原文化的交流日益频繁。明清以至近代，域外文化不断传入，西学东渐，岭南已经成为传播和弘扬东西方文明的开路先锋，涌现出了如陈白沙、梁廷枏、黄遵宪、康有为、梁启超、孙中山等一大批时代的佼佼者。在20世纪70年代末开始的改革开放的浪潮中，岭南再一次成为试验田和桥头堡，在全国独领风骚。

在漫长的发展过程中，岭南文化形成了兼容、务实、开放、创新等诸多特征，为古老的中华文化的丰富和重构提供了多样态的个性元素和充沛的生命能量。就地域而言，岭南文化大体分为广东文化、桂系文化、海南文化三大板块，而以属于广东文化的广府文化、潮汕文化、客家文化为核心和主体。为了响应广东省委、省政府建设文化大省的号召，总结岭南文化的优良传统，促进岭南文化研究和传播的繁荣，在广东省委宣传部的指导和大力支持下，暨南大学出版社组织省内高等院校和科研机构的专家学者编写了这套《岭南文化书系》，该书系由《广府文化丛书》、《潮汕文化丛书》及《客家文化丛书》三大丛书共30种读本组成，历史胜迹、民居建筑、地方先贤、方言词曲、工艺美术、饮食风尚无所不有，试图从地域分类的角度完整展现岭南文化的风貌和精髓。在编写过程中，我们力图做到阐述对象的个性与共性相统一，学术性与通俗性相结合，图文并茂，雅俗共赏。我们希望这30种图书能够成为介绍和宣传岭南文化的名片，为岭南经济和文化建设的再次腾飞提供可资借鉴的精神资源。

需要说明的是，本书系曾获批为2009年度“广东省文化产业发展专项资金”资助项目，在项目申报和丛书编写过程中，广东省委宣传部的领导多次给予指导，并提出了许多宝贵的意见；中山大学、华南理工大学、华南师范大学、广州大学、韩山师范学院、佛山科学技术学院、韶关学院、嘉应学院以及暨南大学的有关领导和专家学者也给予了大力支持和帮助，在此我们一并致以诚挚的谢意！

《岭南文化书系》编委会

2011年6月18日

前　言

广府地区是岭南政治、经济和文化的核心区域，这里人杰地灵，产生了许多彪炳史册的先贤，不仅推动了广府地区、岭南社会的发展和进步，而且为整个中华民族的发展和进步作出了杰出的贡献。历史日新月异，新生代总是承袭着历代前辈的文明成果，才创造出现在的辉煌，也享受着硕果的甜蜜。饮水思源、知恩图报、认祖归宗，是中华民族的传统美德，在广府地区的社会经济发展已走在全国的前列，广府人积极成为实现中华民族伟大复兴的排头兵之际，缅怀广府先贤的丰功伟绩，接续他们身上所承载的广府文化血脉，对于弘扬广府精神、再创广府辉煌，是很有必要的。

广府文化是岭南地域文化的核心组成部分，它以珠江、西江流域，尤其是珠江三角洲及周边地区的地域文化为范围，属于沿海型文化。它以广府民系的形成为载体，经历了漫长的历史过程，即以南方百越文化为源头，随着中原人的越岭南迁，肇端于秦汉，形成于唐宋。虽长期落后于中原文化，但在唐宋广府文化的形成时期就以禅宗六祖和“二献”为代表，在中华文化中崭露了头角。到了明代，以陈献章、湛若水为代表，广府文化已经深入中华文化的核心，融入社会思潮的漩涡，开启了心学一脉。到了近代，广府地区独特的沿海地理区位使之得风气之先，不仅广府文化的自身结构实现了岭南本土文化、中原文化和以西方文化为主的外国文化的复合重构；更具历史意义的是，广府文化也得以开风气之先，涌现了一大批在中国近代史上叱咤风云的人物，极大地推动了中华民族的发展。从最直接记录和讴歌三元里抗英的爱国主义诗人张维屏，到中国第一批“睁眼看世界”的先进人物之一的梁廷枏；从学术醇儒朱次琦、陈澧，到实业家陈启沅；从科

技奇才邹伯奇到近代铁路和工程之父詹天佑；从维新变法的代表人物康有为、梁启超，到民主革命的先行者孙中山，群星闪烁，照亮了历史的天空。

为弘扬和学习广府先贤的历史功绩，我们编写了《广府先贤》一书，用通俗、明快、浓缩、简练的笔调，力图概要再现先贤的风采。本书的“广府先贤”，均从广州“南粤先贤馆”56位先贤中选出。由于广府文化的形成是一个漫长的过程，构成又相当复杂，要把“南粤先贤”中的广府先贤与客家先贤、潮汕先贤绝对地区分出来，几乎是办不到的。加上广府人物到底是按籍贯、出生地算，还是按主要事迹是在广府地区做出的来算，也是一个有难度的问题，这在“南粤先贤馆”评选先贤时，就已经有争议。本书在选择广府先贤时，除第一代南越王赵佗和开启岭南道教、医药的葛洪以外，其他人物都按出生地、成长地是在广东（宋代以后为广府地区），并综合考虑其主要业绩是在广府地区来认定。因此，在宋代以前，有些选入广府先贤的人物，同时也是客家先贤。而“南粤先贤馆”56位人物中有许多广府先贤人物本书暂未介绍，主要是因为篇幅的限制，只能待今后有机会对所有列入广府先贤的人物作全面的介绍。另外，由于这是一本通俗性读物，又是篇幅有限的小册子，内容既要反映先贤的思想实质，又要记述先贤的生平足迹，再加上出版计划安排的紧迫，所以只能是对笔者平时积累的素材资料进行初步整理和通俗表述，对一些有争议的问题只是浅尝辄止，没有深入展开探究。书中部分参考资料在文中标注，参考书目则列于书后，便于读者查阅。总之，要全面介绍广府先贤，的确是一件难事，限于水平，笔者仍处于学习的过程之中，错漏之处，还望读者见谅并批评指正。

目　录

一、赵　佗

——将岭南带入文明的第一代南越王

广州，南中国政治、经济和文化的中心。这座国家历史文化名城，是建立于西汉年间的南越国的都城所在地。在广州繁华的解放北路象岗山上，有一座南越王墓，这就是西汉初年南越国第二代国王赵眜（又称赵胡）的陵寝。该墓于 1983 年被发现，并在原址上建起了“西汉南越王博物馆”，成为全国重点文物保护单位，供游人参观。

当人们从广州火车站沿着人头攒动的解放北路南行，经过著名的中国大酒店，看见绿荫蔽日的越秀公园，就来到了“西汉南越王博物馆”。进入馆内，大都市的喧闹顿时消失，人们仿佛置身于神秘宁静的地下宫殿，由南越王陵进入两千多年前的岭南，寻找着岭南文化的源头，赞叹着历代南越王的成就。看着第二代南越王的地下宫殿，不免也会猜测创建南越国的第一代南越王赵佗，该是一位何等的盖世英雄，如果他的陵墓被发现，又该是何等的宏伟和辉煌……

图 1　南越王赵佗雕像

让我们走进两千多年前的岭南，认识南越国的创建者、广府先贤第一人——赵佗。

赵佗（？—前 137 年），出生于战国末期的赵国，秦代属恒

山郡真定县（今河北省石家庄市正定县）。一个河北人，怎么成了南越国的创立者、广府先贤第一人？那是因为当时秦始皇统一中国，赵佗是秦军统一岭南的一员战将，后来才成为第一代南越王。赵佗是历史上寿命最长的帝王，活了100多岁，其中任南越国第一代帝王60余年，在岭南历史上留下了不可磨灭的功绩，是岭南文明的开拓者。此时的岭南无论是广府民系还是客家民系均未形成，因而赵佗既是岭南客家之初祖，又是广府先贤第一人，为后世人们所敬仰和传颂。

（一）前文明时期的岭南

赵佗入粤前的岭南，虽然早已存在百越族文明，但这种文明是在“原始文化”的意义上来说的，相对于早已有了城镇和文字这两大文明标志的中原地区，还处于文明未开的蒙昧时代，总体社会形态属部落氏族原始社会的末期。我们把赵佗入粤前岭南文明的发展阶段称为“前文明时期”。

1. 百越文化原生态

前文明时期的岭南大致以这样的原生态面貌呈现在人们的面前：

（1）地理闭塞。

远古岭南的落后主要归咎于地理上与中原几乎隔绝。岭南指的是五岭之南的地区，横亘于从广东东部至广西东部及江西、湖南交界处的五岭（大庾岭、骑田岭、越城岭、萌渚岭、都庞岭或揭阳岭），是中国南方最大的横向构造带山脉，也是长江和珠江两大流域的分水岭。这一天然屏障，阻碍了远古岭南与中原的交通与经济联系，造成了岭南的闭塞，因此，岭南被中原人贬称为“化外之地”。

（2）环境恶劣。

岭南北有五岭的障碍，南有大海的阻隔，近海地区气候多变，炎热而潮湿，使得岭南原始丛林密布，河流湍急且纵横交错。岭南的先民百越人在这样恶劣的环境里，极易遭受瘴气、蚊虫和毒蛇的伤害，出没在山冈、原野、森林的华南虎、犀牛等野兽，也常对先民构成生命的威胁。在中原人的心目中，岭南是让人不寒而栗的“瘴疠之区”（《隋志》）。

（3）习俗特殊。

前文明时期的岭南，百越人有着与中原人不同的风俗习惯，中原人认为这些风俗习惯十分怪异。有专家根据《越绝书》、《战国策》、《淮南子》等典籍，将百越人特有的风俗习惯概括为：①生产工具盛行“双肩石器”和“有段石器”；②生活用具普遍使用集合型印纹陶器；③习于水性，善于用舟；④断（短）发文身之俗，是百越人的一个突出特征，是图腾崇拜的纹饰，他们相信这样就可以在水中避免“蛟龙”的侵害；⑤喜食鱼蛇蚌蛤贝类；⑥干栏式巢居；⑦有猎头、食人之风；⑧有信鬼、鸡卜之俗，犹如殷人有尚鬼卜骨之俗。（蒋祖缘、方志钦主编：《简明广东史》）这些特殊习俗表明前文明时期岭南文化的原始性，故古籍中长期称之为“蛮夷之族”，简称“南蛮”。

前文明时期岭南社会的落后是相对于中原而言的，且是以城镇和文字作为文明的代表来衡量的。实际上，前文明时期的岭南已经露出了文明的曙光。概略地说，在曲江县发现的“马坝人”，说明在十多万年前，岭南就有人类繁衍生存。约在一万年前岭南进入旧石器时代，约五千年前进入新石器时代，公元前两千年左右进入青铜器时代。在秦始皇统一岭南前，百越人基本上处于原始社会末期或刚迈入阶级社会门槛的时期。据《史记》的相关记载，舜帝曾巡狩至岭南；《百越先贤志》记载，春秋战国时有岭南人在中原好几个诸侯国担任大臣或谋士。广东旧志据《太平御览》记述的广州被称为“五羊城”的来历，更加有力地说明当时的岭南越人与楚国和中原其他地区的文化交流：传说周朝的楚国在如今的广州建造了一个城邑，名叫楚庭。由于岭南气候恶劣，经常受灾。在一个大灾之年，南海的天空出现了五朵祥云，有五位身着彩衣的仙人各骑一只仙羊，羊的口中衔着一棵一茎六穗的稻子，徐徐降落在楚庭地面。仙人将五羊和稻穗赠予百姓，便腾空而去。这说明岭南地区以水稻为代表的种植和以羊为代表的养殖，与楚国或中原人往岭南迁徙相关，这种交流起着开创性的作用，带来了具有极大促进作用的良种和技术。而“楚庭”则是南越臣服于楚的产物，且已经发展成带有区域贸易甚至少数海外贸易性质的城镇的雏形。

2. 秦始皇统一岭南

“秦王扫六合，虎视何雄哉！挥剑决浮云，诸侯尽西来”（唐·李白《古风》），秦始皇统一中国的铁蹄打破了岭南文明黎明前的寂静。公元前 218 年，秦始皇派大将屠睢领兵约 50 万征粤，约 20 岁的赵佗

因曾经担任护驾御剑随秦始皇出巡，深得秦始皇赏识，被任命为屠睢的副将。攻入岭南后，当地人顽强反抗，屠睢因为滥杀无辜被越族将领桀骏用毒箭射杀。秦始皇便任命任嚣为主将，赵佗仍为副将。公元前 217 年，秦始皇命令秦军在广西兴安县境内开凿沟通湘水和漓水的灵渠，扭转了后续兵力不足、粮草供给困难的局面。公元前 215 年，秦始皇下令再次旌旗南指、攻伐百越，任嚣和赵佗一起率领大军于公元前 214 年终于完成了平定岭南的大业。

秦始皇随即在岭南设立了南海、桂林、象郡三郡，其中桂林郡位置约为今广西一带，象郡辖今广西西部、越南北部和中部，南海郡下设博罗、龙川、番禺、揭阳四县，均在今广东境内。当时秦始皇任命任嚣为南海郡尉（郡的最高长官），郡治所在地番禺（今广州市内），取名番禺是因为此处有番、禺二山（番山在今中山四路广州农民运动讲习所左侧，禺山在今中山四路忠佑大街的城隍庙一带，二山在南汉至宋代期间已被削平）。同时，秦始皇委任赵佗为龙川县令，建城邑，为今龙川佗城镇。

公元前 210 年，秦始皇病逝于东巡途中。秦二世时，中原地区反秦起义四起。公元前 208 年，南海郡尉任嚣得病将死，急召龙川令赵佗到病榻前说："秦政暴虐无道，天下百姓怨恨，项羽、刘邦和陈胜、吴广等，都在各自的州郡拥兵自立，背叛秦朝。南海郡虽然偏僻遥远，但我怕他们打到这里占地杀人，所以应当切断通往中原的大路，早做防备，等待诸侯的变化。再说番禺这个地方，北依山险之势，南有大海阻隔，东西几千里，在这里能当一州之主，可以建立国家。可是我的病重了，南海郡的官吏中数你最能干，所以把你召来。"任嚣当即向赵佗颁布任命文书，让他代行南海郡尉的职务。不久，任嚣病死，赵佗接掌了南海郡。

（二）赵佗创建的南越国

"时势造英雄。"秦汉之际风云变幻、改天换地的时势，造就了赵佗，让他的名字与南越国一道，镌刻在历史的丰碑上。约公元前 218 年，赵佗随任嚣率军征伐百越，直至其公元前 137 年逝世，共治理岭南地区约 82 年；从公元前 203 年建南越国起，担任南越国第一代帝王达 67 年之久。

1. 南越国的创建

据《史记·南越列传》记载，就在刘邦大败楚军，项羽在乌江自刎，刘邦准备登基称帝之前，赵佗发兵攻打桂林郡、象郡，统一了岭南，并于公元前203年率先宣布自立为“皇帝”，称武王，建南越国。

公元前202年刘邦即位汉帝，正所谓“卧榻之侧，岂容他人酣睡”，刘邦试图剿灭南越国，却力所难及，只能先行收降。汉高祖十一年（前196年），刘邦派陆贾出使南越劝赵佗归汉，赵佗接受了刘邦赐给他的南越王印绶，臣服汉朝，史称“赵佗归汉”。至此，赵佗与汉廷剖符定约，互通使者，并按时朝贡，协调百越，和睦相处，南越国成为汉朝的一个藩国。

刘邦死后，掌握汉廷实权的皇后吕雉一改刘邦对南越国的安抚手段，使得双方关系恶化。汉廷把本来已经承认赵佗所有的南越国属地又封给了长沙王，还禁绝了与南越国的边贸活动，如禁止南越边境的关市和铁制、农田买卖，输送到南越国的牲口，只准是公的，不准是母的，目的是破坏南越的生产。赵佗见情况不对劲，便三次派使臣上书谢罪，结果连使者也被扣留。又听闻在河北真定（正定）的先人墓被掘烧，兄弟宗亲被捕杀，赵佗大怒，于是发兵征讨南越国的门户、与北方边界接壤的长沙国，理由是吕雉“封杀南越”是长沙王吴芮出的坏主意。小小的长沙国哪是南越国的对手，很快便被收拾掉了几个县邑。公元前183年，赵佗宣布南越国脱离汉朝自立，并擅加尊号，自称“南越武帝”。公元前181年，吕雉削去赵佗封号，派隆虑侯周灶率10万人马前去讨伐南越。但因为北方士兵水土不服，不适应南越一带炎热和潮湿的气候，再加上山林瘴气，瘟疫流行，士兵纷纷倒下。僵持了一年多，吕雉病死，双方的战争才暂时停止。

见汉朝的军队不堪一击，赵佗更神气了，他凭借军队扫荡边境，用财物贿赂闽越、西瓯和骆越，使他们都归属南越。赵佗所乘之车的规格竟然与汉帝一样，并以皇帝身份发号施令，与汉朝分庭抗礼。此时的南越国版图达到了最大，包括今广东、广西、云南大部和福建南部以及越南北部，国力处于最强盛时期。

吕雉去世后，公元前179年汉文帝继位，他重新抛出橄榄枝，赐赵佗在真定老家的宗亲以官爵，修缮了赵佗先人墓，恢复赵佗的封号，并再次派遣陆贾出使南越说和。赵佗欣然接受汉文帝的求和，立即罢

兵休战，并撤去帝号，面北称臣，重新依附了汉朝。汉景帝三年（前154年），吴王联络七王谋反，派人密约赵佗一同起事，被赵佗严词拒绝。汉武帝建元四年（前137年），统治南越国长达67年的赵佗去世了，时年已逾百岁。

2. 南越王的世系

南越国自公元前203年始，至公元前111年被汉武帝所灭，传了五代。赵佗在位67年，其后代26年，共历时93年。其世系为：

南越王世系表

第一代王：赵佗　南越武帝　在位67年

汉高祖四年（前203年）—建元四年（前137年）

↓

第二代王：赵眜（赵胡）　佗孙　南越文帝　在位16年

建元四年（前137年）—元狩元年（前122年）

↓

第三代王：赵婴齐　眜子　南越明王　在位约10年

元狩元年（前122年）—元鼎四年（前113年）

↓

第四代王：赵兴　婴齐次子　在位约1年

元鼎四年（前113年）

↓

第五代王：赵建德　婴齐长子　在位约2年

元鼎五年（前112年）—元鼎六年（前111年）

3. 南越国的遗址

（1）赵佗城。

南越国建都于任嚣南海郡的治所番禺城，赵佗把任嚣时期较小的番禺城扩大为周围十里的都城，并筑有城墙，大致东至今中山三路芳草街一带，西到广仁路至教育路一带，南到西湖路，北到越华路。南越国的都城番禺，后人俗称为“越城”或“赵佗城”。都城内筑有皇城，南越王宫殿是模仿西汉长安的宫殿建造的。20世纪末，南越王宫署遗址在广州北京路与中山四路交会处被发现，被专家们称为东方的庞贝古城，现中山四路建有“南越王宫博物馆”，已免费对外开放。

（2）南越王墓。

前面已经介绍过20世纪80年代发掘的西汉初年南越国第二代国王赵眜的陵墓。陵墓中出土了文帝金玺、丝缕玉衣和大量的珍贵文物。但赵佗之墓至今不知所在，因其下葬时丧车四出，以致人们无法确定他墓葬的确切位置。有现代学者根据赵眜的墓址猜测赵佗应当葬在越秀山一带，也有人说应当葬在白云山一带，甚至按照《太平广记》所载，猜测赵佗墓早在唐代就已被盗。而第三代南越王赵婴齐的墓葬早在三国时期就被吴国将领吕瑜带兵开掘，赵兴和赵建德是兄弟，均被人所杀，应无陵墓可考。

图2　西汉南越王宫署御花园遗址

图3　南越王墓出土的“龙凤纹重环玉佩”

（3）其他。

①越王庙。宋代以前，龙川就有供奉赵佗的庙宇，称为南越王故宫。清康熙年间改称“南越王祠”，清乾隆年间又改名为“南越王庙”。此庙现存，庙门镌刻有清代“南越王庙”石额。至今仍保留有赵佗故居、越王井、赵佗台、赵佗驽营处、赵佗跑马射箭处等遗迹。

②长乐台。赵佗在岭南地区筑了四个行宫（台），分别是广州朝汉台、广州越秀山越王台、新兴白鹿台、五华长乐台。1982年，位于五华县华城镇塔岗村的西汉长乐台（狮雄山遗址）被发现。迄今为止，五华长乐台是唯一发掘的赵佗行宫，其余三处目前仍未发现。

③光孝寺。现存广州光孝寺是西汉南越王赵佗玄孙赵建德的住宅，1961 年定为全国重点文物保护单位。

④赵佗先人墓地：在今石家庄市郊区赵陵铺村，汉文帝派人修建，2006 年被重修为赵佗公园。

（三）岭南文明的大跨越

赵佗作为第一代南越王，在历史上作出了杰出的贡献，不仅维护了国家统一，促进了民族融合，而且推动了岭南文明实现社会形态的大跨越，是广府乃至岭南的第一先贤。

1. 维护国家统一

赵佗两次归汉，使岭南纳入中国的版图，表明他不只是看清了国家统一的趋势，而且有着维护国家统一的愿望。他实现了百越各部族的统一，客观上也有利于多民族国家的统一。因此，后人以“平夷敢射越天日，废帝甘为汉室臣”的对联来颂扬他的功绩，这副对联镌刻在赵佗家乡河北石家庄的赵佗公园里。

2. 促进民族融合

正如毛泽东曾经说过的，赵佗是“南下干部第一人”，他极大地促进了中原华夏族和正在形成的汉族与百越族的融合。赵佗最早带入岭南的 50 万北方士兵，包括关中谪徙的大批犯人到岭南与百越人杂居。在龙川，赵佗又要求秦始皇从北方迁 30 000 名少女到龙川，为士卒洗补衣服，实际上以此令士卒与这些女子结合，在龙川成家立业，不再回北方去，秦始皇应允调拨了 15 000 名女子到岭南。赵佗在长达 60 多年的在位期间，采取“和辑百越”、“汉越杂居”的民族政策，提倡岭南的民族融合。为了促进民族融和，他自称“蛮夷大长”，行为方面“化南夷之俗”（王充《论衡》），虽是中原人，但已经南越化了。他还大力提倡汉越通婚，甚至带头让自己的儿女和越人结婚。历史证明，赵佗的确是秦朝统一以来最早成功地在少数民族地区推行民族亲和政策的杰出政治家。

3. 开化岭南文明

赵佗到岭南之时，百越人的社会形态还处于原始社会末期和奴隶制社会早期的阶段，而中原地区已经过渡到经济和文化相对发达的封建社会。正如李权时主编的《岭南文化》中提到的：“岭南父系氏族社会接替比较缓慢，从春秋时代中晚期开始才逐步过渡到极不发达的奴隶制社会，其中大部分氏族部落到西汉初期赵佗建立了南越国时才进入奴隶社会。”由于赵佗引入岭南的中原人比当地人文明素质要高，尤其是其中还有一些是六国贵族及其后代，到越与土著杂居，带来了比较先进的北方文化。赵佗作为最早把中原文化和先进生产力传播到岭南的先驱，在政治上仿效汉朝实行郡国并行制，军事上设立将军、左将军和校尉层级制度，设置了步兵、舟步和骑兵兵种，经济和技术上发展冶铁、制陶和商业，推广使用铁器农具和耕牛，改变以前的“刀耕火种”和“火耕水耨”的耕作方法，使岭南经济生产飞速发展，文明突飞猛进。从已经发掘的第二代南越王墓情况分析，赵佗之后，岭南社会已经从奴隶社会的末期一跃跨入封建社会，在几十年时间里完成了其他地区需要几百上千年才能实现的社会形态的变迁。尤其是赵佗的南越国建立后，越人杀首子、食人等原始野蛮的风俗才得到制止。而作为文明标志的文字，也是在赵佗在位时期得到应用，亦即史上所记“广东之文始尉佗”（《粤记》）。

4. 肇端广府文化

岭南的广府、客家、潮汕三大民系，是随着不同时期的中原人进入岭南的历史进程而先后形成的，其中，广府文化形成年代最早，大致在汉唐时期；广东境内的客家民系，主要是唐宋以后中原人往南的第二、第三次大迁徙才逐步形成；而潮汕民系的形成则更晚。赵佗作为秦汉时期第一批中原人迁徙岭南的统领者和代表人物，无疑是包括三大民系文化在内的岭南文化的开创者。赵佗的南越国建都于番禺，使广州成为岭南地区的第一个古都，奠定了广府文化以广州为政治、经济和文化中心的基础。作为广府文化形成标志的广府粤语，也是在中原人进入岭南后逐步形成的。远古百越部族各自为政，语言各不相同，南越国统一岭南后，逐步统一了百越人的语言，最初的粤语逐渐形成，形成后的粤语即是以中古北方话为基础，以广州话为中心，以珠江三角洲及西江流域两岸及其外围或边远的话语为基础的粤语系统中最为通行的主体方言。人们说广府粤语中保留了较多的古汉语北方话的语音和语法，就是因为这个缘故。因此，赵佗是后来逐步形成的广府文化的肇始人物，他作为广府第一先贤是名副其实的。

二、杨　孚

——岭南首位有著作传世的学者

所谓先贤，乃历史上有不朽贡献者也。儒家以“立德、立功、立言”为“三不朽”，指的是一个人生命有限，要想名垂青史，有三种途径：一是具备完美的德行，二是建立杰出的事功，三是留下隽永的言论。此“三不朽”能居其一实属不易，若能兼得二三，非“先贤”莫属。本书前面介绍的南越王赵佗，是一个既立德又立功的人，犹以事功名彪青史。这里要介绍的杨孚，则是“三不朽”兼备，犹以“立言”青史留名。

杨孚，南海郡番禺下渡村（今广州市海珠区新滘镇）人，东汉著名的政治家、史学家和诗人，字孝元，或作孝先，生卒年待考，大约生活在东汉章帝与和帝两朝。他天生聪颖，才识过人，熟读经史，品行贤良。公元77年，朝廷让地方州郡举荐“贤良”、“孝廉”、“秀才”等人才，他以“贤良对策”入选，获授议郎之职，成为史载岭南地区晋身东汉朝廷要官的第一人。他是岭南最早的清正高官，也是广府历史上最早的有著作传世的学者。清代南海人曾钊在辑录《异物志》按语中说：“粤人著作见于史志，以议郎为始。”此“议郎”即指杨孚。明代黄佐的《广州先贤传》就已经将杨孚列入，说明他是一位早就被历史所肯定的广府先贤。

图4　杨孚浮雕像

（一）秉公直谏言政

杨孚任职直接亲近皇帝的言官，以直言敢谏而著称，屡屡向汉章帝提出特立独行的政见。后人曾有诗句赞他的直谏是：“陈言论得失，抗疏有余烈。”（清·黄子高《访汉杨议郎故址》）

1. 主张息兵

匈奴是生活在我国北部的游牧民族，汉朝与其时战时和，汉明、章两帝皆起兵反击过匈奴的侵扰。汉和帝（89—105 年）即位时，拟发兵征伐匈奴，朝中大臣一片附和，唯独杨孚以为不妥。他性格耿直，不攀附权贵，力排众议，甘冒死罪，犯颜直谏，多次上书汉和帝息兵安民，停止对匈奴的战争。在奏折中，杨孚力奏“创业用武、守业尚文”之言，主张用武力打天下，用文的手段治理国家。他以历史经验作为佐证，列举了西周取代殷商以后便不再动武，并重提先帝的嘱咐，指出要敢于消灭来犯的敌人，但不可首先发难。他认为对边疆少数民族应用文治，不宜滥用武力，妄动干戈，而应效法和发扬祖先的传统美德，“绳美祖宗，毋轻用武”，实行睦邻政策。杨孚的主张发自肺腑，铿锵有力，有理有据。虽然汉和帝并未完全采纳他的谏言，但杨孚直抒己见的勇气却受到后世人们的称赞。

2. 提倡孝道

史籍记载，汉和帝曾采纳了杨孚“孝治天下”的建议。杨孚极力主张以孝治天下，针对西汉短丧的做法，向汉和帝提议“诏中外臣民均行三年通孝”，把实行这一制度作为遵守孝道的首要行为，奖励有孝行的臣民，救济孤寡贫老者。从此，先秦三年服丧制度得以恢复并成为定制，从而使以“孝治”为主要标志的封建礼教延绵影响了中国千余年之久。

3. 主张廉政

东汉永元十二年（100 年），天下大旱，不法官吏仍在鱼肉百姓，使百姓生活雪上加霜。汉和帝征询解救之策，左右均低头不语，生怕言多祸起。杨孚毅然上疏，力陈贪官污吏的不法行为和腐败现象的危害，指出“郡邑侵渔，不知纪极，货贿通于上下，治道衰矣”，呼吁“吏治必务廉平”，考核和选拔官吏要以廉为标准，并恳请和帝严惩贪官污吏，让百姓在灾年得以休养生息。杨孚整顿吏治的建议被和帝采纳，百姓更加爱戴这位为民请命的议郎。

杨孚撰写《异物志》，除了学术研究外，还有一个原因，就是当时南方的奇珍异果成为朝廷贡品，地方官员为讨好朝廷对百姓百般搜刮，互相攀比，扰民害民，激起民怨。杨孚列举岭南的风俗、物产，加以解释，写成《异物志》，指斥不法官吏搜刮民财，揭露官员利用这些物品进行贿赂的现象。这就令不法官吏利用猎奇心理钻营舞弊之风有所收敛，也使中原士民对岭南特产、风俗有所认识。

（二）撰著岭南物志

杨孚在参与政事之余，勤奋治学，著有南海郡人第一部学术著作，也是我国第一部地区性的物产专著——《异物志》（又称《南裔异物志》、《交州异物志》、《交趾异物志》）。

1.《异物志》的成书

杨孚的《异物志》成书于公元2世纪初，《隋书·经籍志》、《旧唐书·经籍志》、《新唐书·艺文志》史部地理类均有著录，《水经注》引作《南裔异物志》，《艺文类聚》引作《交趾异物志》或《交州异物志》。可惜该书在宋代即已散佚，只有后人转相引用散存于一些史籍中，如《初学记》、《艺文类聚》、《北堂书钞》、《后汉书注》、《太平广记》、《太平御览》、《海录碎事》、《事类赋注》等书中均有佚文。明末清初岭南著名学者屈大均在《广东新语》中，殷切希望有人能把它搜辑成帙。

图5 《异物志辑佚校注》（广东人民出版社2010年版）封面

直到清代道光元年（1821年），南海人曾钊从《齐民要术》、《初学记》、《太平御览》诸书中辑录成《杨议郎著书》一卷，其中收入的大部分篇章是杨孚所著，但也有少数篇章并未注明杨孚撰著，还有个别篇章如《临海水土记》被误认为是杨孚的著作而收入在内。曾氏认为，《异物志》一类典籍乃杨孚首创，故只有杨孚可专其名，群书所引，凡不称人名，只称《异物志》者，皆当为杨氏书文。于是，在道光二十九年（1849 年），曾钊又辑类书与古籍中凡标明引自《异物志》一书而未标明撰者姓名者，成《异物志》一卷，收佚文近百条，其中既有误收他人的，也有遗漏未收的。道光三十年（1850 年），伍崇曜编丛书《岭南遗书》，将上述曾钊辑本《杨议郎著书》和《异物志》一并收入。民国时期，中华书局又将《岭南遗书》所收曾钊辑本的杨孚《异物志》收入《丛书集成初编》之中。2009 年，广东科技出版社出版“岭南中医药文库经典系列”丛书，将《异物志》作为其中之一。2010 年，广东人民出版社将吴永章编著的《异物志辑佚校注》纳入“岭南文库”予以出版，曾钊的误漏得以订正。

2.《异物志》的内容

《异物志》是汉唐时期一类特殊的典籍，主要记载地方特有的物产风俗，内容涉及自然环境、资源物产、社会生产、历史传说、风俗文化等许多方面。而杨孚的《异物志》主要记载当时交州一带（包括今广东、广西和越南北部地区）的物产和民族风俗，是对岭南风物第一次系统的整理和介绍。

如《艺文类聚》卷 83 所引杨孚的《异物志》记载的少数民族“与汉人交关，常夜为市，以鼻齅金，知其好恶”。

《太平御览》卷 971 引杨孚《异物志》记载的南方水果：“荔枝为果多汁，味甘绝口，又少酸，所以咸其味，可饱食不可使厌。”

杨孚《异物志》还记载了许多岭南广泛种植的水果植物，例如：“芭蕉，叶大如筵席，其茎如芋……其内心如蒜，鹄头生，大如合拌，因为实房，一房有数十枚。其实皮赤如火，剖之中黑，剥其皮，食其肉，如蜜甚美，食之四、五枚可饱。”“甘蔗，远近皆有，交趾所产甘蔗特醇好，本末无薄厚，其味至均，围数寸，长丈余，颇似竹，斩而食之，既甘，榨取汁为饴兴，名之曰糖，益复珍之。又煎而曝之，既凝，如冰，破如博棋，食之入口消释，时人谓之石蜜者也。”

3.《异物志》的价值

（1）创制方志重要门类。“异物志”这种地区性物产专志，成为后世方志一个重要门类，杨孚的《异物志》是公认的我国第一部“异

物志”，见于史志著录和他书征引的“异物志”类书籍共有22种之多，今大部分已亡佚，后人辑本仅为有限的几种。杨孚作为“异物志”方志形式的创制者，在方志史上具有重要的地位。

（2）保留古代珍贵信息。“异物志”产生于汉末，繁盛于魏晋南北朝，至唐开始衰变，宋以后消亡。杨孚的《异物志》成书于东汉，是我国最早的“异物志”，不仅在当时起到了向中原推荐岭南风土物产的作用，更为后人提供了汉代岭南动、植、矿物的第一手材料。有些物种现在已经消失，恐怕只有在《异物志》上才能看到有关记载。如：“北荒之中，有兽名獬豸，一角，性别曲直。见人斗，触不直者。闻人争，咋（zé，咬、啃的意思）不正者。”由于这种俗称独角兽的獬豸能辨是非曲直，能识善恶忠奸，古代御史、按察使等监察司法官员戴的帽子又称“獬豸冠”。

图6　“獬豸”是中国传统法律文化的象征

（3）提供珍贵历史佐证。《异物志》记载的许多资料，是现代史学考证的重要史料，如关于岭南开始种植双季稻的记载，再如前面介绍的甘蔗以及东汉就已有制糖业的情况。书中记载了广州东汉时就蓄养黑奴的历史，称为“瓮人”，齿白面黑，皮肤光泽若漆，为奴婢强劲有力。书中“涨海崎头，水浅而多磁石”的记载，其中“涨海”是当时对南海的称呼，“崎头”则是当时对包括西沙群岛和南沙群岛在内的南海诸岛的岛、礁、沙、滩的称呼，表明我国早在东汉以前就已经对南海及其岛屿作过探究。

（4）揭橥广府学术之源。史家公论杨孚是岭南最早著书立说的学者，而他又是广州籍的学者，无疑是包括广府在内的岭南学术文化的肇始者。《异物志》诗文并茂，以文叙事、以诗咏物，又是流传至今的广东最早的诗集。

（三）开启广府诗风

明清之际的著名学者屈大均在《广东新语》中说“广东之诗，始于杨孚”，称赞杨孚是“开吾粤风雅之先”的大诗人之一，是因为《异物志》以散文为主，间有四言韵语，因而是“诗之流亚”。据屈大均和近代冼玉清研究指出，该书的四言韵文是开岭南诗歌创作之始的作品。在《异物志》中，“赞”多为四言且有韵，是一种颇有诗味的文体。如杨孚赞美榕树：“榕榕栖栖，长与少殊；高出林表，广荫原丘，孰知初生，葛藟之俦。”杨孚对蛇的描述，也是妙笔生花：“髯惟大蛇，既洪且长。采色驳荦，其文锦章。食豕吞鹿，腴成养创。宾享嘉宴，是豆是觞。”《异物志》中的“赞”字数齐整，朗朗上口，完全可以作为诗歌朗诵，因此，后人又称杨孚为“粤诗之祖”。

《异物志》不仅遣词优美，寄意深远，还对后世影响很深。它作为优雅的古诗，对广府语音研究的学术价值也很高。汉代广府粤语正在形成的过程之中，南粤本土语音与中原差距较大，但杨孚的《异物志》创作却是以中原音韵为准。据著名学者冼玉清考证，《南裔异物志》赞句悉用古语，证之《左传》、《诗经》，与中原古诗相同。杨孚是已知的首位以中原音作诗且有成就的岭南人，他的诗作真实地记录了岭南的广府语音吸收中原古音而逐步成型的过程。

因广府人均尊称杨孚为“南雪先生”，后世岭南不少学者以“南雪”为书斋之名，如清代张维屏的书斋叫“南雪楼”，收藏家伍元蕙的书斋称“南雪斋”，诗人张锦芳的读书处为“南雪轩”，康有为的园林叫“南雪巢”，诗人叶衍兰甚至直接以“南雪”为号。还有许多人在家门贴上“门邻杨子宅，家有笔生花”的对联，足见岭南人对杨孚的推崇。

（四）留下遗迹传说

作为广府先贤，杨孚在广州留下了许多遗迹传说，成为广府文化的重要组成部分。

1. 海珠区称为“河南”的缘由

广州人习惯称海珠区为“河南”，许多人以为这是因海珠区位于珠江之南的缘故，其实这是误解。据清初屈大均《广东新语》所记：

“广州南岸有大洲，周回五六十里江水四环，名‘河南’，非也……河南之得名自孚（杨孚）始。”屈大均否定了“河南”得名是由于位于珠江南岸的说法，认为珠江南岸之所以被称为“河南”实缘于杨孚。

杨孚家住在珠江南岸的下渡头村，杨孚晚年从洛阳退休回乡定居，故居遗址就在下渡头村东约一巷。辞官时，洛阳的百姓为感激杨孚的恩德，赠送了两株他十分喜欢的五针松树，杨孚将其带回故乡并种植于宅前。让人觉得奇怪的是，本来气候暖和的广州鲜见下雪，那年冬天居然大雪盈树。人们对这种异常的气候现象不可能做科学的解释，便附会说，杨议郎是贤人，这是杨孚在北方为官时清廉感动天地，连洁白的雪花都跟他到了故乡。因当时洛阳一带被称为河南（意为黄河之南），洛阳既是京城又是河南郡的治所，故人们尊称杨孚为“杨南雪”、“南雪先生”，把他的居住地称为“河南”。这个称呼一直沿用下来，清代时，今海珠区北部称河南堡（属番禺县），新中国建立初期海珠区仍称河南区，至今人们还称呼海珠区为“河南”。今日，杨宅和杨孚带来的洛阳松已经无存，但正如屈大均为此题诗“能将北雪为南雪，为有苍苍自洛来。松柏至今虽已尽，花田尝见雪花开”，杨孚“河南飞雪”的故事已经成为广府文化的要素，被人们传颂。

2. 杨孚井

杨孚故居在今广州市新港路下渡村东约一巷，其宅院早已无存，现仅存一井，称“杨孚井”。

该井为杨孚故宅后花园的水井。据清乾隆《番禺县志·古迹》载：“杨孚，字孝元。今下渡头村其故宅也。”后有张琼者，掘地种菱，得一砖刻云：“杨孝元宅。”杨宅遗址之古井，无疑为杨孚井。据测量，该井口直径0.44米、腹径5米、底宽1米、深5米，井腔上、下端小，中间大，呈腰鼓形。井壁有明显的螺旋纹，四周长着苔藓。井底

图7　杨孚井

有四个泉眼，水量较大，水质良好。没有自来水之前，全村皆以此井为主要饮用水源。现居民用井水养鱼、淋豆芽菜、养水仙花等。该井由原生红砂岩层中天然凹穴经修凿而成，后来地势升高，人们用青砖、花岗岩砌井上端壁，井旁水泥地上镶有用碎磁块砌成的“汉代杨孚古井”字样。近年又砌栏杆，加以保护，2002 年 7 月被公布为广州市文物保护单位。

3. 杨孚祠

杨孚祠又称南雪祠，位于广州漱珠岗纯阳观内。漱珠岗原名万松岗（今珠江南岸新港路五凤村），清道光年间道士李名彻（道号青来）来到万松岗，见此岗“山环水曲，松石清奇”，遂取名漱珠岗。

图 8　广州漱珠岗纯阳观

相传杨孚因为喜欢漱珠岗的清幽，曾在上面搭建草庐，吟诗著作，并将洛阳带回的松子播种此地，故又有万松岗之称。宋参知政事崔与之（号菊坡）未仕时，也曾在岗上设坛讲学。后人设祠祭祀这两位广府名人，至明朝，岗上还有杨孚、菊坡两祠以及天山草堂等。因经历兵燹劫难，入清后这些建筑仅剩下颓垣断壁。

到了清朝嘉庆年间，道士李名彻在漱珠岗上创办纯阳观，得到了他的好友、时任两广总督阮元的鼎力支持。漱珠岗是杨孚祠遗址，李明彻建纯阳观时发现被毁的杨孚祠石额砖瓦等遗迹，而阮元又最崇拜杨孚，道光六年（1826 年），李明彻在阮元的支持下，在原址重建了杨孚祠，位于观内大殿前左巡廊下方，前后两进，其中前进深约 6 米、阔 5 米；后进深约 4 米、阔 5 米。原有阮元题“汉议郎杨子南雪祠”隶书横额，已毁。现杨孚祠已改作纯阳观饭堂之用。

三、葛　洪

——把岭南道教推向全国的“仙翁”

晋代岭南地区还残留着不少巫觋文化的痕迹，为中国本土宗教——道教提供了传播发展的土壤。而将以罗浮山为代表的岭南广府地区发展成为中国道教重镇的，是东晋著名道士葛洪。他两度来到广州，栖隐罗浮山修道数十年，采药炼丹，撰文论道，苦心修仙，人称“葛仙翁”。据说，葛洪神通广大，法力无边，可以呼风唤雨，点石成金，起死回生。又说他61岁（另说为81岁）在罗浮山仙逝，死时稳坐不动，兀然如睡，香气满屋。视其肤色，虽死如生；扶其肌体，柔软不僵；举尸入棺，轻如无物。人们传颂着葛仙翁“尸解成仙”的神迹，炼丹成仙之风逐渐成为道教主流，形成金丹道教，而葛洪自然成为金丹道教的开山鼻祖。（戢斗勇《金丹道教的创始人——葛洪》）罗浮山之名也传遍海内，被誉为“百粤群山之祖”、道教“第七洞天”和“三十一福地”，成为金丹道教的第一祖庭。

葛洪（283—343年），字稚川，号抱朴子，丹阳郡句容（今江苏省句容县）都乡吉阳里人，晋代著名的道教理论家、医药学家和炼丹术士。我国古代科学家、医学家之一。出生于没落的封建豪族家庭，从小随道士郑隐学习炼丹术，后又师事鲍靓学道。年轻时参与镇压张昌、石冰起义有功，迁伏波将军，后赐关内侯，为炼丹而求勾漏令，最后在广州北郊（今惠州

图9　葛洪画像

博罗境内）罗浮山修道仙逝。他学识渊博，儒道兼治，成为炼丹史上承前启后的重要人物，不仅创立金丹道教，在中国道教史上占有十分重要的地位，而且开创中国化学学科，对医学也有巨大的贡献，在中国科技史上也有着举足轻重的地位。他一生著述甚多，现存的主要有《抱朴子内篇》20卷、《抱朴子外篇》50卷、《神仙传》10卷、《隐逸传》10卷、《肘后备急方》4卷等。英国人李约瑟在《中国科学技术史》中高度评价他："公元4世纪早期，道家中产生了最伟大的博物学家和炼丹术士抱朴子。"葛洪虽然不是出生在广府，但广府是他的主要活动地区，他撰著的主要著作是在这里完成的，他的炼丹事业也在这里成就，罗浮山也因他而全国闻名。因此，葛洪是一位籍贯不在广府的广府先贤。

（一）兼通儒道构筑抱朴体系

葛洪自号"抱朴子"，他的主要思想理论著作也以《抱朴子》为书名，这部著作是他在年轻时第一次隐居罗浮山期间完成的。该书包括内篇和外篇，内篇专述其道教思想，而外篇则专述其儒家思想。这种兼通儒道思想体系的形成，与他独特的家学渊源和人生境遇相关。我们首先来看看葛洪的生平，并主要论述其儒道兼容的思想。

1. 家道衰落艰苦求学

葛洪出生于一个破落的官僚贵族家庭，先祖葛浦庐曾任西汉骠骑大将军，祖父葛系（一作"葛彬"）是三国时代的吴国重臣，父亲葛悌也曾在吴国做过大官，后随吴主降晋，官至邵陵太守。有学者认为葛洪虽为江苏句容人，但出生地却是他父亲任职吴王郎中令的所在地洛阳。

葛洪幼年的生活是无忧无虑的，但好景不长，13岁时，他父亲去世了。当时正逢"八王之乱"，而葛悌又是个廉官，毫无积蓄，孤儿寡母的生活一下子陷入困厄之中，家道从此败落。葛洪与母亲扶柩还乡，开始了自食其力的农樵生活。

贫困的葛洪酷爱读书，常苦于无钱买书，靠砍柴卖钱买回纸笔，借别人的书来抄，边抄边读，不畏寒暑。他甚至穷得只能用柴火棍写字，在纸上反复重叠书写，以致写了什么只有他才能够辨认。葛洪在《抱朴子·内篇》中自叙，他16岁开始读儒家的《孝经》、《论语》

等，并广闻博览，“自正经诸史百家之言，下至短杂文章近万卷”都烂熟于胸，年轻的葛洪可说是饱读诗书。

2. 继承家学道基深厚

葛洪有着深厚的道教家学渊源，其堂祖父葛玄，从三国左慈学道，得就丹金液仙经，被人们尊称为“葛仙公”。葛玄将炼丹秘术传给了弟子郑隐，嘱咐他将道术传与葛家子孙。郑隐是当时著名道士，80余岁尚身轻体健，满头乌发，能饮酒二斗不醉，数日可不食仍不知饥。葛洪14岁时拜郑隐为师，郑隐也看重葛洪的天赋，把平生所学均传授给他，让他博览道家秘藏200余卷，使葛洪尽得道家修炼之术要领。

年轻的葛洪跃跃欲试，想在学问和事功上一展抱负。

3. 生逢衰世无意仕途

晋代政局飘摇，社会动荡，葛洪并不能安心做学问。公元303年，爆发了以张昌为首、石冰为别帅的为逃避戍役而举行的流民起义。由于葛洪出身江南世族，已有一定的声名，吴兴太守顾秘便征召这位20岁出头的年轻人为将兵都尉，率兵讨伐石冰。葛洪足智多谋，作战英勇，受命为“伏波将军”，最终打败石冰。但当时的朝廷对江南世族存有戒心，葛洪虽立下战功却未被论功行赏，做不了大官。葛洪心灰意冷，绝意仕途，要求解甲还乡，承续家学，皈依道门。顾秘再三挽留不就，遂允其愿。

4. 隐居罗浮倾心抱朴

葛洪弃职后云游荆、襄、鄂州，在葛山等地寓居。公元306年，24岁的葛洪在襄阳接受即将赴职的广州刺史嵇含的任命出任广州参军，先行到达广州。嵇含是“竹林七贤”之一的嵇康的从孙，也是奉行道教的人，著有与道教服食丹药有关的著作《南方草木状》。由于嵇含在襄阳被部将司马郭励所杀，葛洪于是到广州东北远郊的罗浮山隐修。

此时，正值鲍靓为南海郡太守。鲍靓字太玄，又称鲍玄，为当时著名道教人物，葛洪拜其为师。鲍靓十分欣赏葛洪的才华，传授葛洪内学符箓术，并将女儿鲍姑许配给葛洪为妻。

葛洪在罗浮山炼丹、行医和著述逾十年，据《自叙》称其20岁左右开始写作，由于兵乱流离，有十余年失去安定的著述环境，直到晋建武时期葛洪35岁以后，才将他的主要著作《抱朴子》内外篇和《神仙传》、《隐逸传》等初步编定，40岁以后再行修订。其中他潜心著述书稿的十余年，正是在罗浮山的时期。

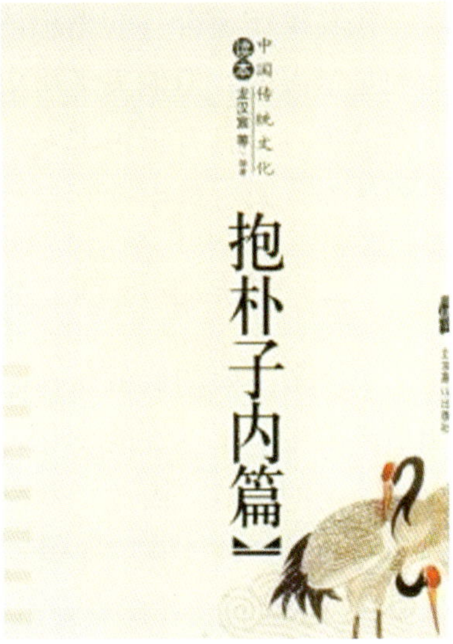

图10 葛洪《抱朴子》一书的封面（中华书局2004年版）

建兴三年（315年），葛洪携妻回到家乡丹阳，曾任琅琊王司马睿府中幕僚。大兴元年（318年）司马睿建立东晋王朝后，为了笼络江南世族，封葛洪为关中侯，食句容之邑二百户。35岁之前葛洪受歧视的命运终于得到改变，他接受了封侯，之后又担任了几处官职。近50岁时求勾漏令之职以便修道炼丹，回到广州罗浮山直至61岁仙逝。

5. 出入儒道构筑体系

葛洪的人生境遇，使得他既有道教的出世追求，又有儒家的入世理念；既有对官场黑暗的厌恶，又有对皇恩封赏的感激，他游走在入世与出世之间，这种矛盾充分体现在他的《抱朴子》里。该书的内外篇分别体现了他的道家和儒家思想，而他的思想也是儒道合一的矛盾体系。葛洪在《抱朴子》中明确地说："夫道者，内以治身，外以为国。"其立足点是"道本儒末"。他曾在《诘鲍》篇中批驳鲍敬言的"无君论"，维护君权。有学者分析："在葛洪的一生中，从青少年读书到参平石冰之乱，他的人生态度是入世的；第一次到广州入罗浮作子书内外篇，是从入世走向出世；但他到中年又回来接受朝廷封爵和召辟，在天下多事的情况下，为维护晋王朝尽一分力量，这无疑又回到入世中来；直到老年又想到要炼丹求长寿，最后才终老于罗浮山。综其一生，从入世走向出世，再走回入世而终于出世，这种人生经历在道教史中的人物恐怕是相当少见，因此，儒道兼综成为他的思想主流也就不奇怪了。"（李锦全《徜徉在入世与出世之间——葛洪儒道兼综思想剖析》）

在葛洪儒道合一的思想体系里，其宗教神秘主义和君权神授的天命观是错误的，但他关于历史不能倒退到文化落后、生活闭塞的原始社会的观点，具有重视现实、反对复古的进步意义。葛洪儒道兼收的思想体系，对以后中国文化的儒佛道三家合流，具有一定的推动作用。

（二）隐居罗浮创立金丹道教

葛洪最主要的成就是在隐居罗浮山时期创立了金丹道教，使得中国道教发生了根本性的变化，不仅影响到道教本身，而且对中国历史也有一定的影响。由此，罗浮山成为中国道教名山、金丹道教的祖庭，岭南道教在广府文化乃至岭南文化和中国文化中都占据了十分重要的地位。

1. 皈依道教罗浮炼丹

葛洪回乡受封后，做了十多年京城僚佐类的中小官吏。眼看做不了大官，年事又渐近 50 岁，遂复生皈依道教之念。

东晋咸和二年（327 年），当时 45 岁的葛洪听说交趾（今越南北部和广西南部）出产炼制仙丹的砂料，为便于就近采砂炼丹，便主动要求到靠近交趾的勾漏县（今广西北流）去当县令。皇帝认为以葛洪的资历和名望，做个县令实在是大材小用，没有立即答应。葛洪一再请求，实告之为求丹砂的缘故，并非以官职大小为念，终于得到了皇帝的理解，遂准其所愿。获许之后，葛洪率家南下，行至广州，被广州刺史邓岳劝止，挽留于广州。由于当时丹砂皆生南方，不生北方之地，而魏晋南北朝时期的广州是岭南和南洋等海外“丹砂灵药”的集散地，尤其是罗浮山就出产丹砂，为葛洪在该山就地炼丹提供了可能性，加上葛洪年轻时曾在罗浮山修炼近十年，于是葛洪重上罗浮山。

图 11　罗浮山冲虚观

咸和五年（330 年），葛洪在罗浮山麻姑峰下修筑了南庵，取名都虚（宋朝改为冲虚观），以后又陆续在罗浮山东、西、北面修建了东庵（后改为白鹤观）、西庵（后改为黄龙观）、北庵（后改为酥醪观）。罗浮山道观从此逐渐扩张，有冲虚、白鹤、黄龙、酥醪、九天、华首等九寺十八庵二十八观，成为“百粤群山之祖”、道教“第七洞天”和“三十一福地”。

2. 服食丹药追求长生

罗浮山不仅因为其道观建筑多，更由于此处出产丹砂，葛洪在这里创立了金丹道教而举世闻名。葛洪善于观察事物的变化，他在《抱朴子·内篇》中具体描写了炼制金银丹药等有关化学的知识，做了许多有关物质性质和物质变化的实验。所谓丹砂就是现代化学上所称的“红色硫化汞”，经火加热，“丹砂烧之成水银，积变又还成丹砂”，可以不断地置换还原。他还记述了金属铅化合物的还原过程：“铅性白也，而赤之以为丹；丹性赤也，而白之（脱色）以为铅。”他描述了铁置换出铜的反应：“以曾青涂铁，铁赤色如铜。”在《黄白》篇中，他记载的炼金术是用铜、铅、汞等贱金属按不同的比例炼成的若干种黄色或白色的合金。葛洪炼丹是中国最早的化学实验，在中国科技史上占有十分重要的地位。李约瑟称“医药化学源于中国”，主要指的就是以葛洪为代表的炼丹术。《简明不列颠百科全书》解释炼丹术是“古人追求健康长寿、长生不老并谋求将一般金属转变为贵金属的一种学术思想及实践”。葛洪就是书中列举的中国、印度、古希腊和近代欧洲杰出的炼丹术家之一。中国的炼丹术起源和成熟较早，由葛洪集战国以来各家炼丹术之大成之后，中国的炼丹术传至阿拉伯和欧洲，逐步发展成为近代化学，英文“化学”一词，就是从炼丹转化而来的。恩格斯也承认炼丹术对化学的发展作出了贡献，称炼丹术为化学的“原始方式”。

但是，葛洪的目的却是寻找长生不老的丹药。他发现丹砂喜高温，黄金不怕火，二物具有入土后经久不腐朽的特性，“夫丹之为物，烧之愈久，变化愈妙；黄金入火，百炼不消，埋之毕天不朽”。因此，他用类比思维，认为“服此二物，炼人身体，故能令人不老不死”。尤其是丹砂烧炼可以还变，更被看做是可以使人返老还童的上品丹药，而经过多次还变的丹砂被奉为“九转神丹”或“九液还丹”。由于吃了丹药就可以成为长生不老的神仙，故炼丹术又被称为“神仙黄

白之术”，金丹道教又称为神仙道教。

魏晋以前的道教多由天师画符箓给人祛病消灾，有较强的民众性。虽然秦始皇曾派人出海寻找仙药，但炼丹成为道教神仙信仰的主要方式，却是从葛洪开始的。此后，道教也就有了丹鼎派和符箓派两大派别，尤其是丹鼎派在晋代至宋代，成为皇室和有钱人的宗教信仰，因为他们有实力请术士炼制或购买昂贵的丹药。以至于许多皇帝都迷恋炼丹，唐朝竟有五位皇帝是由于服食丹药中毒而死！到了宋代以后，内丹术逐步取代了外丹术，但是直到明代仍有许多帝王服食丹药，可见葛洪的神仙金丹道教对历史的影响有多大。

图 12　建于清代的稚川丹灶

3. 神仙理论玄道合一

葛洪不仅仅只是一个炼丹的术士，他还是一个杰出的道教理论家，在中国思想史上占有重要地位。他的理论是玄道合一的神仙学说，促使了魏晋玄学与道教的进一步结合。

在哲学上，葛洪提倡“道”、“玄”、“一”是世界的本原，但三者又有些微区别，关系上分先后，地位上有高低，“道”是宇宙本体，“玄”是成道境界，“一”是修仙功夫。（戢斗勇《葛洪的“玄”、“道”与“一”不是一回事》）他把三者融为一体，强调“服丹”以外养和“守一”以内修，从而与宇宙本体的道合一，达到神仙的境界。因此，即便是炼丹，也要在心诚的前提下才能进行。葛洪又将“一”分出“玄一”和“真一”，认为服食金丹可以使身体不受外物侵害和不衰老，守“玄一”也可使身体不受外患的侵扰，而守“真一”则可与鬼神相沟通变成神仙。葛洪一方面丰富了“道”、“玄”和“一”的思想内涵，另一方面又将这些概念向神秘化的方向发展。

葛洪还是道教史上有名的目录学家，14 岁时从郑隐那里受得金丹之经以及《三皇内文》、《五岳真形图》、《枕中五行记》、《九丹》、

《金银液经》、《黄白中经》等，对道教典籍十分熟悉。他的《抱朴子·内篇·遐览》是道教史上第一部道经目录，共著录道经道符261种1 299卷，《内篇·金丹》也详述自己所见丹经丹方几十种。这些著述，对研究两晋时期道教典籍概况及炼丹术的发展状况具有极其重要的史料价值。此外，葛洪的其他著作如《元始上真众仙记》（即《枕中书》）、《神仙服食药方》十卷、《房内秘术》（即《房中秘术》，避隋讳）等也是晚年在罗浮山完成的。《西京杂记》一书，虽属刘歆草创，经后汉三国时期的流传，至葛洪始编集成书，具有拾遗补阙的史料价值。

葛洪炼丹采药，足迹踏遍了广府各地。南海的丹灶，据说就取名于葛洪在此炼丹，过去还保留了葛洪炼丹的丹灶。宋代王存《元丰九域志》卷九记广州有“葛洪丹井”。宋代方信孺《南海百咏》记载广州蒲涧有碧虚观，其东岭上也有“葛仙翁炼丹石”。葛洪还到了福建、广西等地，甚至还到过印支的扶南（辖境约今柬埔寨以及老挝南部、越南南部和泰国东南部一带）。葛洪在罗浮山先后达20多年，设庵授徒，采药治病，筑灶炼丹，著书立说，不仅是岭南道教的开创者，而且是中国道教史上魏晋丹鼎道派最杰出的代表。

（三）悬壶济世开启岭南医药

葛洪不仅是著名的道教理论家、炼丹术士，也是著名的医药学家。他精晓医学和药物学，主张道士兼修医术。他在罗浮山不仅修炼丹道，也兼行医制药。他的夫人鲍姑，原名潜光，是鲍靓的独生女，精通医药尤其是针灸之术，葛洪与她志同道合，一起炼丹制药。葛洪成为人们心目中的救世神道，不仅是他的道教神秘主义使然，也与他治病救人的医道有关。

1. 葛洪的医药学著作

葛洪的医药学著作主要是《肘后备急方》。在他的炼丹术著作《抱朴子》中也有一些医药学的内容，如记载了用雄黄治毒蛇咬伤，用密陀僧（氧化铅）防腐，用铜青（碳酸铜）治疗皮肤病，用艾叶消毒驱虫等方法，提出“吐故纳新者，因以长”的功疗法以及养生学原理等。这里主要介绍其《肘后备急方》。

（1）《肘后备急方》的成书。

葛洪的医学著作为《金匮药方》100卷（已佚），是他在研究了《黄帝内经》、《金匮要略》等近千卷医书及百家杂方、民间验方秘方的基础上，再加上他本人的医疗经验撰著而成的。因其卷帙浩繁，不便携带，葛洪于是辑《金匮药方》的主要内容写成《肘后救卒方》4卷。南朝的陶弘景对它作了一次增补，名为《肘后百一方》，金代杨用广等又增补了一次，名为《肘后备急方》，一直流传至今。

人们解释《肘后备急方》的书名，所谓“肘后”就是说这部书篇幅很小，可以挂在胳膊肘上随身携带，类似现代所说的“袖珍本”；“备急”就是应急的意思，用现代话说这本书即随身携带以便急用的“急救手册”。而且，《肘后备急方》所列方剂药物，是葛洪特地挑选较容易找到且相当便宜的，大多是乡野田间、沟旁篱下易得之物。治疗方法也简单易懂，解决了以前的救急药方不易懂、药物难找、价钱昂贵的弊病。

（2）《肘后备急方》的内容。

现行葛洪《肘后备急方》全书共8卷，分73篇（第44、45、46篇缺）。所论疾病多以急性病为主，并且不乏传染性疾病，如猝心腹痛、时气、温病、瘟疫、痈疽恶疮及虫蛇走兽咬伤等。

在《肘后备急方》中，记载了许多疾病及治疗方法。如精确地描述了时称“虏疮”的天花症状，记载了其危险性和传染性。书中提到了肺结核（古称“尸注”或“鬼注”）的主要症状，提出了结核病“死后复传及旁人”的特性，还涉及了肠结核、骨关节结核等多种疾病，论述的完备性不亚于现代医学。该书记载了“狂犬病”的病症是怕听声音，一被刺激就会抽搐痉挛，甚至连倒水的响声也听不得，故民间又称为“恐水病”。葛洪采取以毒攻毒的办法，即捕杀狂犬，取其新鲜脑组织敷贴创面，这实际上正是免疫的方法。书中还记载了流行于亚洲东南地区的恙虫病，详细而准确地描述了沙虱是传染媒介，描述了沙虱的形态、生活环境以及恙虫病的发病地带、临床特征、如何预防等。该书还对麻风（癞病）、疥虫、黄疸、急性淋巴结肿大、中风、中毒、精神病、外伤等多种急症的诊治有精辟的论述。

除病症外，该书还记载了许多治病的方剂药物，如红升丹、白降丹、紫雪丹、砒霜等，直到今天仍然是中医临床用药中不可或缺的重要药物。

《肘后备急方》对灸法也作了重点论述，全书针灸医方 109 条，其中灸法占 99 条，对灸法功效、操作方法都有较为全面的论述。

(3)《肘后备急方》的成就。

《肘后备急方》不仅是研究魏晋南北朝医学的重要史料，而且沿用至今，并在东南亚各地广为流传，因而此书的科学价值是毋庸置疑的。

葛洪提出的中医急症的诊疗具有开创性，而且在许多方面都远远早于世界其他国家。例如，《肘后备急方》中描述的天花症状以及对于天花的危险性、传染性的记述，是世界上最早的记载，比西方医学界认为最早记载天花的阿拉伯医学家雷撒斯要早 500 多年。葛洪用疯狗脑髓治疗狂犬病，而法国的巴斯德最早用人工的方法使兔子得疯狗病，再把病兔的脑髓取出来制成针剂，用来预防和治疗疯狗病，其免疫学原理与葛洪的很相似，但是比葛洪晚了 1 000 多年。美国医生帕姆在 1878 年才知道恙虫病，比葛洪记述此病要晚 1 500 余年。

值得一提的是，《肘后备急方》比其他医书如《内经》、《难经》、《伤寒论》，甚至《针灸甲乙经》、《帛书·经脉篇》等，在灸法的记载方面更为详尽，不是仅详于针而略于灸，而是既有针又有灸，在具有中国特色的针灸医学史上占有十分重要的地位。

另外，葛洪的药学研究对现代医药也有重大的启示作用，如人们从葛洪用青蒿绞汁治疗疟疾的经验中得到启发，低温加工青蒿提取出青蒿素，使之成为一种速效、低毒的抗疟疾新药。

图 13　冲虚观旁的洗药池

2. 葛洪对岭南医药的贡献

岭南文化原本就有深厚的医药文化基础，在南越王墓中就出土有药臼、药杵、银药盒和熏炉以及羚羊角、五色药石等。汉代杨孚的《异物志》记载的动、植物中，有些也可以入药，因而该书对岭南药物学的发展有一定的影响。但只有到了葛洪这里，才出现了专门的医

药著作，因此，葛洪是岭南医药学的开启者。

岭南医药有着鲜明的地域特色，由于岭南是中国最典型的热带地区，有许多热带地区高发常见病或特种病，葛洪的医药成就也正是体现在医治这些常见病和特种病方面。岭南气候炎热，岭南医学首重火热病诊治，葛洪非常重视这类病症，使得近现代岭南医学也在温病学方面的研究最多。古代岭南蛇虫遍地，蛇虫伤毒以及疟疾、脑炎等虫媒传染病相当常见，而葛洪正是治疗这些病症的高手。岭南出产许多其他省区所无或少见的中草药，葛洪重视其作用，葛洪的妻子鲍姑采用的也是岭南地区盛产的红脚艾为患者灸治疾病。后世的岭南医家在运用这些中草药治疗本地区疾患的过程中积累了大量的经验，同时造就了岭南医药的民俗化，形成岭南人嗜食补、喝凉茶的习惯。甚至葛洪在罗浮山所创的四庵，也成为晋唐时期罗浮山药市形成的基础。从岭南医学精神方面来看，葛洪勇于探索、躬身实践的精神也构成了岭南医学的开放、务实的特性。

晋康帝建元元年（343 年）三月，葛洪于罗浮山病逝。去世之前，葛洪托弟子给友人广州刺史邓岳送信，信中称欲去远方寻师，即日便去，特此告别。邓岳览信，心知此为道士仙逝嘱咐，急忙赶赴罗浮山。“既至，而洪已亡。时年六十一。观其颜色如平生，体亦柔软，举尸入棺，甚轻，如空衣然也。”（袁彦伯《罗浮记》）这被人们相传为葛洪夫妻同服自炼九转金丹，双双羽化登仙。为了缅怀葛洪的功绩，人们在东晋义熙初年（405 年）于都虚庵内增建葛仙祠，供奉葛洪、鲍姑夫妇；在都虚庵侧建“洗药池”和“稚川丹灶”；并在都虚庵后建“葛洪衣冠冢”，内葬葛洪道袍鞋帽。人们称葛洪为“尸解仙”，化蝶而去，所以罗浮山只留衣冠冢。清代史学家屈大均《广东新语》一书曾对此传说作了简洁的记述：“罗浮大蝴蝶者，葛稚川之遗衣也。衣化为蝶，蝶复化为衣。”而清代《古今图书集成》一书也记载道：“罗浮山有蝴蝶洞，在云峰岩下，四时出彩蝶，世传葛仙所化。”据学者考证，葛洪可能按照习俗将尸体葬于老家丹阳句容，宋明清时期的《句容县志》也明确记载了葛洪墓在县城西南一里，与葛玄墓相邻，但今两墓均已无存。

四、冼太夫人

——被誉为“岭南圣母”的女政治家

在广府先贤中，有一位女性，她是政治家，有“母仪天下”的威严；她是军事家，有横刀跨马的气概。这位集贤德与智勇、文治与武功于一身的“岭南圣母”，就是冼太夫人。

冼太夫人（522—602 年），又称冼夫人，名英，乳名冼百合，高凉郡（今广东省高州市）人。隋代杰出的政治家、军事家。她出生于今广东电白的南越俚人首领家庭，后嫁于高凉太守，中年丧夫。她“世为南越首领，跨据山洞，拥有部落 10 余万家，指挥六州军马”，公元 602 年于海南巡视途中辞世。

在她的传奇生涯中，为维护国家统一、民族团结屡建奇功，先后被梁、陈、隋三朝皇帝册封为“中郎将、石龙太夫人”、“宋康郡夫人”和“谯国夫人”，民间尊其为“圣母”。周恩来总理曾经盛赞冼太夫人为“中国巾帼英雄第一人”。2000 年 2 月 20 日，时任中共中央总书记、国家主席、中央军委主席的江泽民视察高州冼太庙后，高度赞扬维护国家统一、民族团结的冼太夫人为“我辈及后人永远学习的楷模”。

图 14　冼太夫人塑像

（一）倡行民族团结的越族首领

冼太夫人出生于南越俚人首领之家，拥有十几万户的部族，跨据广东粤西一带山区。岭南冼氏大约是秦始皇统一南越时由中原迁入。俚人则是早在殷商之际南迁岭南的华夏族人，秦时风俗完全越化，被视作蛮人。赵佗与冼氏曾联合征剿高凉雷人（即俚人），使雷王败退海南。大部分留居高凉的俚人接受赵佗的统治，赵佗委派冼氏治理高凉，冼氏便由秦代开始“世为南越首领”（《隋书·谯国夫人传》）了。可见，冼太夫人的家族及其俚人首领的地位，就是民族融合的产物。

或许是这一文化基因的遗传，加上生活于华夏民族历史上第二次大融合的南北朝时期的特殊历史时代，冼太夫人的一生都与民族团结事业结缘，她为岭南的民族团结和社会稳定作出了重大贡献。

1. 平息岭南族群争斗

据《隋书》、《北史》记载，冼英“幼贤明，多筹略”，“能行军用师”，从小就学会了练兵习武、指挥打仗，是文韬武略的帅才，而且心地善良，好义守信，在族内富有威信和号召力。有一则记述冼英小时候化解纠纷的民间传说，说的是村里两家人的牛在高坡旁角力，一牛负伤，一牛摔死。两家都要对方负责，各不相让，于是请冼英调解。冼英了解情况后说：“两牛损伤，主人有责。生者同耕，死者同宰。”两家听从，把死牛卖了，医好了伤牛，剩余的钱平分。好牛两家共有，轮流养护和做农活。一次纠纷就这样化解了，乡亲们都夸冼英聪明能干。当时，岭南越族还保留着奴隶制和原始部落，各部族“往往别村，各有长帅，恃在山险，不用王法”，且“越人之俗，好相攻击”，“每构仇怨”。也就是说，越人好斗，各部族纷争频仍。冼英从中调停，化解矛盾，家乡及其周边的百越各族逐步归顺俚族冼氏，连海南也有黎族“归附者千余洞”（《隋书·烈女传》）。

2. 劝诫家兄善待他族

其兄冼挺担任南梁州刺史时，常倚恃豪强，侵略邻郡，激化了岭南族群矛盾，百越各族群众深受其苦。冼英多次规谏家兄，让其善待他族，使俚僚各部落之间相互解仇息兵，岭南各族民众得以安居乐业。

3. 击败南朝侵略俚人

当时的梁朝在北朝的强大军事压力下扩军备战，使得财力衰竭，从而加紧了对岭南俚人的压榨，激起了俚人的反抗。公元 527 年，梁武帝萧衍派兵企图征服俚人，并假借招抚之名，设计擒杀各部族首领，冼太夫人的父叔先后被害。年轻的冼英临危受命，以过人的胆识统领各部退居深山，采用游击战、伏击战、骚扰战和坚壁清野的战略战术，坚持了七年，终于打退了南朝的围剿，结束了这场汉族朝廷和岭南百越民族的战争。

4. 协助丈夫管理各族

罗州（今广东化州一带）刺史冯融，是定居新会的北燕王裔，听闻冼英“有志行”，为了壮大自己的声势，也着实欣赏冼英的才识，聘冼英为其儿子冯宝之妻。当时汉族人视俚人为南蛮，不同民族通婚存在障碍，冼英的婚事冲破了这一隔阂，写就了一篇俚汉通婚的佳话。由于冯宝是外地的汉人，在高凉执政，本地人并不买账，造成政令不通。做了高凉太守夫人的冼英首先戒约本族服从政令，又常协助丈夫断决案件，秉公无私，哪怕是亲族犯罪，也要依法处理。从此，“政令有序，人莫敢违”，俚族首领和百姓也都遵守法令了。

在此后冼英执政岭南期间，解决了大量岭南地区不同民族之间的矛盾，促进了汉族与百越族的团结和融合。冼英的儿子冯仆也娶了冼氏为妻，汉俚通婚自此已成常事。此后，冯仆之妻被称冼夫人，而冼英则被称为冼太夫人。冼太夫人还为海南岛俚人地区郡县制度的重新设立作出了贡献。岭南各族群众几十年内的安居乐业、政通人和，都有赖于冼太夫人倡行民族团结，奠定了岭南安定团结的社会基础。

冼太夫人倡行民族团结，不仅对岭南的社会安定有利，对广府民系的形成也有极大的推进作用。冼太夫人生活的南北朝和隋朝，是广府民系形成的重要时期，岭南百越族的整合及其与汉族的交融，有利于岭南与北方汉族的民族文化的汇合重组，从而形成岭南百越族群与北方汉族族群相结合的一个新的岭南汉族民系，即广府民系。而从最基础的文化要素——语言来看，在以冼太夫人生活的高州为中心的粤西地区，形成了与广州话略有区别的广府粤语的“白话”分支，此后人们通常将广府粤语统称为“白话”。

（二）维护国家统一的巾帼英雄

南北朝是中国历史上分合动乱的时代，而冼太夫人最值得人们称道的是其对国家统一所作出的贡献。在冼英20多岁时，海南黎族归顺冼氏，她就力请梁朝在海南置崖州，使自汉元帝时起脱离大陆656年的海南岛重新回归中央政权的统治。在冼太夫人成为太守夫人之后，多次遭遇关系国家统一或分裂的生死抉择，她一次次平息叛乱，维护统一，并以巾帼英雄的豪气，跨马横刀，扭转乾坤，开启了包括广府文化在内的岭南文化的爱国主义传统，被后人所传颂。

图15　冼太夫人石雕像

1．平侯景乱，救梁朝危

梁武帝太清二年（548年）八月，河南王侯景叛梁，广州都督萧勃要求高州刺史李迁仕一道出兵，但李却称病不去，私下又铸造武器，集合人马。一日，李迁仕与冼太夫人的丈夫高凉太守冯宝约会，想利用冯宝的力量出兵，被冼太夫人识破而阻止，果然几日后李迁仕反叛。冼太夫人趁李迁仕派重兵与梁都督陈霸先交战以致城内空虚之机，以犒劳城内军兵为名，亲自带队徒步挑着酒肉和礼物进入城内，来到刺史府门口，一声号令，从箩筐背囊中抽出刀剑，突发奇兵占了李迁仕老巢高州城。次年三月擒李迁仕，将其就地正法，配合陈霸先平定了侯景之乱，解除了梁朝的危机，维护了国家的统一。梁朝论平叛之功，册封冼太夫人为“保护侯夫人”。

2．不惜儿命，平叛欧阳纥

公元557年，陈霸先称帝，陈朝立。第二年冯宝卒，岭南大乱。冼太夫人凭借自己的威望，劝服、团结百越，使社会安定了下来。太建元年（569年），宣帝陈顼即位。次年，为了削弱广州刺史欧阳纥的势力，宣帝降旨将其调离广州。欧阳纥不服，遂于九月宣布反陈。欧阳纥将冼太夫人的儿子冯仆骗去，欲诱其同反。冯仆不知如何是好，只好派人送信向母亲求救。冼太夫人曰：“我为忠贞，经今两代，不能惜汝，辄负国家。”她表明了不以儿子之安危为念而以国家统一为重的坚定决心。冼太夫人联络百越首领布兵抵御叛军的进攻，从狱中救出了儿子冯仆，并与陈朝遣讨军章昭达配合，全力击溃了欧阳纥的叛军。陈朝嘉其功，册封她为“石龙郡太夫人”。

3. 拒绝独立，大义归隋

陈后主终日沉湎酒色，公元589年，陈朝被隋文帝杨坚所灭。乱世中岭南数郡共举冼太夫人为主，并力劝独立，以保境安民。大家尊冼太夫人为“圣母”，她仍用陈朝封赠的仪仗及兵卫甲盾，巡视各州，威镇南疆，俨然一个王国的女皇帝。但冼太夫人拒绝独立和称王。当隋大军到了岭南边境，因畏惧冼太夫人而不敢进犯，于是遣使者示以陈后主遗书和她赠陈后主的信物“扶南犀杖”。冼太夫人看后，确知陈亡，便召集首领数千人“尽日恸哭”，然后归顺了隋朝。这时，冼太夫人的儿子冯仆已于584年左右因病去世，她让孙子冯魂迎隋将韦洸入广州，为隋统一全中国作出了巨大的贡献。朝廷感其顾全局、识大义，册封她为“宋康郡夫人”。

4. 击杀叛俚，救应广州

隋开皇十年（590年），番禺俚帅王仲宣和土著酋长陈佛智反隋，围袭在广州的隋朝官兵，韦洸战死。隋朝又派钦差裴矩来安抚岭南。年迈的冼太夫人“在帅堂村点将台起兵救应广州”（《广东省志·地名志》，1999年）。冼太夫人先派孙儿冯暄率兵往援，结果进兵不力被撤职下狱，之后再派幼孙冯盎驰援，自己也亲自披挂上阵充当后应，很快就击杀了陈佛智，并与隋将鹿愿会合，联手击败王仲宣，消平叛乱。事平之后，冼太夫人又骑着骏马，张着锦伞，带着骑兵，亲自护卫诏使裴矩巡视岭南各地，各州首领纷纷出迎参谒，人称“锦伞夫人”。为表彰冼太夫人又一次维护国家统一之功，隋

图16　冼太夫人被敕封为“谯国夫人”的匾额

文帝追赠冼太夫人的先夫为谯国公，册封冼太夫人为“谯国夫人”，掌六州兵马权。

从此，尽管长江流域烽火漫天，但岭南地区多赖冼太夫人扶辑，数年之中安然无事，形成有史以来最为富庶及安定的局面。冼太夫人生逢全国时局最混乱之时，历经梁、陈、隋三朝80年，她作为南越首领，拥有强大的武装力量和岭南大片领地，不仅没有割据独立，还不遗余力地协助朝廷剪除地方割据势力，始终致力于国家统一和民族团结，冼太夫人无疑是隋朝稳定岭南局势的顶梁柱，为隋朝的一统天下建立了不朽功勋。隋文帝曾敕勉谯国夫人：“朕抚育众生，情均父母，欲使率土清净，兆庶安乐。夫人情在奉国，深识正理，直训导子孙，敦崇礼教，遵奉朝化，以副朕心。”赞誉之意，溢于言表。每逢年节，冼太夫人都会把分别藏放的梁、陈、隋三朝赐物陈列出来训示子孙：“汝等宜尽赤心向天子。我事三代主，唯用一好心。今赐物具存，此忠孝之报也，愿汝皆思念之。”

（三）惩治贪官污吏的谯国夫人

谯国夫人是当时岭南各州郡的实际领导人。她秉公执政，法令严明，使高凉清风荡漾，吏治廉正，人民安居乐业。“冼夫人之所以能够在动乱不安的年代，使岭南历经数朝而不乱，统领岭南各族人民和谐共处，成为多朝皇帝所倚重的‘南天第一柱’，还有一个重要的原因是她崇尚廉政思想，以廉治理岭南的结果。”（伍双保《浅析冼夫人廉政思想》）

1. 以身作则树立威望

冼太夫人不仅在战场上身先士卒，管理上亲力亲为，而且在廉洁方面以身作则，率先垂范，从而在岭南百姓中树立起崇高的威望。梁、陈、隋三朝皇帝不仅对她多次封赠，还赏赐了许多贵重礼物。冼太夫人平时将这些珍贵的赐物藏于金箧里，分别设立专门的库房进行妥善保存。每逢年节大典之时，便将全部赐物陈于庭前，示以子孙，让大家观瞻。

2. 儿孙犯法与庶民同罪

冼太夫人对待自己的部族、亲属和儿孙，也是严格要求，从不徇私姑息。早在初嫁冯宝时，她就要求自己的部族听从号令，遵守礼法。一次，在军事训练中，其 14 岁侄儿冼耀迟到，依军规照打 20 军棍。广州刺史欧阳纥谋反时，用金钱美女诱骗其儿子冯仆一同反叛，冯仆经不住铜臭与美色的诱惑有所动摇，故只被欧阳纥禁囚而未被杀害。冼太夫人救出狱中的儿子后得知实情，立即以贪腐罪将儿子冯仆抓捕。番禺的少数民族首领王仲宣起兵反隋，包围了广州城，冼太夫人派孙子冯暄救援广州，王仲宣则派部将陈佛智阻挡冯暄的援兵。因冯暄与陈佛智是好朋友，就故意拖延，贻误军机。冼太夫人大怒，立即把冯暄抓入牢狱，改派孙子冯盎去救援广州。儿子冯仆和孙子冯暄未被治罪，均因冼太夫人平叛有功，朝廷给予封赏而赦免其罪。

3. 贪官污吏必受惩治

冼太夫人多次平叛，一方面是因为这些人反叛朝廷，另一方面是因为这些人均为鱼肉百姓的贪官污吏。高州刺史李迁仕不仅谋反，而且贪赃枉法、鱼肉百姓，冼太夫人将其擒杀，可以说是匡扶正义，为民除害。隋朝改广州为番州，朝廷除倚重冼太夫人坐镇岭南地区以外，还另派赵讷为番州总管。但赵讷贪财暴虐，激起多个部族纷纷起兵反叛和逃亡。冼太夫人派人到长安去见隋文帝，揭露了赵讷的罪状，列举其所贿财物，建言安抚部族。隋文帝下诏让冼太夫人就近惩治赵讷，治其死罪，并命冼太夫人斩杀赵讷后，随即招抚诸部族。近 80 岁高龄的她以朝廷使者的名号，亲自用车盛载天子诏书，风尘仆仆地巡行岭南十多州郡，招抚宣慰逃亡、叛变的部族，宣扬文帝的圣德。所到的州郡，俚、僚各族人民深为感动，都诚心归附隋朝，岭南各地复归平静。仁寿二年（602 年）冼太夫人年逾 80，逝于巡视海南途中，朝廷赐其谥号为“诚敬夫人”。现位于电白县电城镇的山兜村有“隋谯国夫人冼氏墓”。

虽已过去 1 400 多年，但岭南百姓一直缅怀冼太夫人的丰功伟绩，在两广地区以及海南岛，建立了冼太夫人庙 100 多座，有些市县如茂名、电白等多达十几二十座，在中国香港、台湾以及马来西亚、越南、新加坡等地都有华人建的冼太庙。而冼太夫人的活动中心高州市的冼太庙为数最多，据该市文物部门统计，高州境内过去共有 200 多所，在 20 世纪 40 年代较大的冼太庙仍保存有 62 所。目前名气较大的冼太庙有三座：①建于隋初，位于长坡镇旧城村的冼太庙，可能是现存建

立年代最早的冼太庙；②建于唐代，位于曹江镇高凉岭的冼太庙；③建于明嘉靖十四年（1535 年），位于高州城内的冼太庙，是目前规模最大、人气最旺的冼太庙，2002 年被确定为“广东省文物保护单位”，2006 年成为“广东省爱国主义教育基地”。许多冼太庙的正殿上悬挂着“岭南圣母”的红布或匾额，“过去粤西一代乡民，事无巨细，都到冼夫人庙祈求保佑或乞示”（司徒尚纪《广东文化地理》）。各地还开展多种形式的活动，纪念冼太夫人这位为岭南地区的稳定和经济社会发展作出了巨大贡献的广府先贤。

图 17　高州冼太庙

五、惠　能

——被尊为“东方圣人”的禅宗六祖

在广府先贤中，有一位不仅受到中国人民的崇拜，而且受到包括欧洲在内的世界人民尊敬的人物，他的塑像竖立在英国伦敦大不列颠国家图书馆广场，与孔子、老子并列而立，被尊为代表东方文明的“东方三圣人”之一，欧洲还将他列入“世界十大思想家”。他，就是禅宗六祖惠能。

惠能（638—713年），南海新州（今广东省云浮市新兴县）夏卢村人。唐代著名的思想家、佛教禅宗六祖。祖籍河北范阳（郡治在今北京城西南），其父亲于620年流放至岭南，落籍为“新州百姓”。唐贞观十二年（638年）二月初八，惠能生于新州。他24岁到湖北黄梅东禅寺拜禅宗五祖弘忍学法，碓米劈柴八个多月，继承五祖衣钵，为六祖。为躲避六祖名位的争夺之害，潜藏于广东怀集、四会（今均属肇庆）的深山之中达15年之久。676年在广州法性寺（今光孝寺）剃度为僧，在法会论辩成名，世人始识其乃东土禅宗六祖。后主持韶关宝林寺（今南华寺），712年回新州建国恩寺。唐开元元年（713年）八月初三在国恩寺坐化，享年76岁，肉身舍利永久尊放于南华寺灵照塔供世人瞻仰礼拜。

图18　南华寺六祖惠能真身

六祖惠能著述的《六祖坛经》，是中国人所著唯一被尊为“经”的佛教典籍。他开创南宗，使禅宗真正完成了佛教的中国化。他的思想朴实而深刻，智慧而隽永，不仅在中国宗教史上具有崇高地位，而且渗透于宋明理学和其后的中华传统文化中，并广泛传播于国外，对世界宗教和文化产生了重要影响。惠能一生76年，除了在湖北五祖寺的八个多月，出生、生活和传法全都在广东，是正在形成的广府民系和客家民系共同尊奉的先贤，是岭南文化的代表，其精神实质构成了岭南文化的内在品质。毛泽东曾把六祖惠能与孙中山并列称为广东的两大伟人。

（一）经贫困往求佛法

惠能俗姓卢，其父亲卢行瑫在武德三年（620年）遭贬官徙新州，娶新州城南十里的榔村李氏女为妻，居住在夏卢村。

惠能三岁时父亲就已亡故，孤儿寡母的生活十分艰辛贫困。惠能小时候上不起学，目不识丁，以砍柴为生。当时的岭南是佛教重镇，早在南朝时期，就有印度僧人经“海上丝绸之路”来到广东。达摩祖师也是先泛海在广州西关登岸，经肇庆再北上京城建康，最后在少林寺面壁弘法九年，成为中土禅宗初祖。据方志所载，唐代时，小小的新州就有佛寺二十多所。正是岭南的水土和文化，孕育出惠能这位大德高僧。

1. 卖柴听讲佛经

惠能从出生时就与佛有缘，据惠能门人法海记载，惠能之名，就是由僧人取的。惠能的父亲曾经问过为何取这个名字，僧人答曰：“可上惠下能也”，“惠者，以法惠施众生；能者，能做佛事”。据新州当地的传说，惠能父亲死后无钱埋葬，这时，有一位禅师被新州一位财主请来为先人寻找墓穴，但财主吝啬，招待不周。禅师在巡山找穴途中，来到惠能母子住的山寮房借宿，无床可睡，只得搭一板床将就。因床凳高矮不齐，床不时摇动。小惠能心里不安，潜入床底以小手垫平床凳。禅师安稳睡熟，醒后发现真相，甚为感动。他得知卢行瑫已死三载尚无坟地安葬，有意将看中的一块宝地送给惠能家，让其父入土为安。因墓穴关系风水，可庇荫后代，故禅师问惠能的母亲李氏：“不知你们要九代状元，还是要万人朝拜？”李氏选了万人朝拜，以祈世代平安。惠能母子按禅师的指点在寮屋右侧的穴位葬了卢行瑫，后李氏去世也在此与夫合葬。人们都说惠能成为六祖，乃是应了“万人朝拜”之意。

图 19　夏卢村惠能故居旧址建的“六祖纪念祠”

虽然生活贫苦，但惠能平时经常利用砍柴卖柴的空闲时间，到佛寺听讲佛经。一次，他卖完柴回家，路过了金台寺（这座佛寺的源起是当初达摩乘船经过肇庆端州时忽遇狂风大浪，见前面新州方面风平浪静，达摩断定此处是佛家圣地，他来到京城后建议朝廷由地方官主持兴建起来的）。惠能听到金台寺中有人正在诵读《金刚经》，此经讲的内容与自己心中的体认甚合，又知《金刚经》是从五祖弘忍那里传过来的，于是决定离开家乡，到湖北黄梅拜谒五祖。

2. “獦獠”能学佛法

惠能北上参学时，已有 24 岁。北上求法途中，一路艰辛，但学佛不已，在韶州听无尽藏尼诵《涅槃经》，在乐昌听慧纪禅师讲《投陀经》。唐龙朔元年（661 年），他来到湖北黄梅，谒见禅宗五祖弘忍。

一见面，弘忍便问惠能：“你是哪里人？来这里做什么？”惠能答道：“我是岭南人，来这里求‘作佛’。”弘忍继续问：“岭南人是未开化的‘獦獠’，哪里能成佛！”虽然弘忍用北方人对南方少数民族的轻蔑性称呼，说惠能是“獦獠”，但惠能从容地回答：“人有南北之分，佛性并无南北之分，‘獦獠’也可成佛！”弘忍见惠能虽然长得十分瘦弱，操着听不太明白的岭南口音，但铿锵的语气和非凡的志向却令人不得不刮目相看。于是，五祖收惠能为门下“行者”，安排在厨房劈柴踏碓。至今的五祖寺里仍有惠能舂米的碓房，还有他舂米时为了增加身重而绑在腰间的大鹅卵石。

3. 作偈继承衣钵

其时弘忍年事已高，急于传付衣钵，要求弟子各作一偈，以检验

他们的修炼水平，并宣布如果偈悟佛意，就传衣钵给他，立他为六祖。弘忍的徒众有700人，纷纷作偈，其中寺里的首席和尚神秀呈偈，赢得一片称赞，偈曰：“身是菩提树，心如明镜台，时时勤拂拭，勿使惹尘埃。”弘忍以为未见本性，不是理想的继承人，没有传衣钵给他。

这时惠能入寺已有八个月，日日辛勤舂米劈柴，遇到弘忍升座说法，则认真听讲，深入思索，佛法大增。惠能听了神秀偈后，觉得他没有真正懂得禅宗佛性，于是也要作偈。可是众和尚都嗤笑这个做行者的“獦獠”，岂能与首席和尚神秀比偈？惠能说：“下下人有上上智，为何不可作偈？”惠能请人代劳将偈题于壁上：“菩提本无树，明镜亦非台，本来无一物，何处惹尘埃。”弘忍见惠能偈，心中已经明确他才是理想的继承人。半夜时分，弘忍便把惠能叫到禅堂内室，向他讲说《金刚经》。惠能得到点化，顿悟《金刚经》大旨。弘忍还传给惠能衣钵，这是定为法嗣传人的信物。如今，南华寺的展柜之中还摆放着惠能用过的衣钵。为了安全起见，弘忍要惠能趁寺内谁也没有发觉时迅速离开，吩咐他不到必要的时机，不能暴露自己是禅宗六祖的身份，免得有禅宗的僧人来争夺。弘忍还亲自送六祖惠能到江州（湖北黄梅南面，今江西省九江市）的渡口，于是惠能踏上了回故乡广东的征程。

（二）历劫难跻身禅祖

惠能离开了东禅寺，引起了众和尚的怀疑，他们追问弘忍谁得了祖师的衣钵。弘忍回答说：“能者得之。”众人便知法嗣已传，惠能已得衣钵。于是，一场衣钵之争便开始了。

1. 潜伏岭南15年

离开黄梅时，弘忍曾送给惠能八字箴言：“遇怀则止，遇会则藏。”当时他不解其意。惠能回岭南一路躲躲藏藏，越大庾岭，度梅关，两个月之后，他藏身于曹溪宝林寺（今韶关南华寺）。不久，神秀的手下追到，在寺内四处搜捕，惠能躲在寺后的一块大石头缝隙中才躲过此劫。为了不连累宝林寺，惠能离开曹溪，潜入怀集、四会等地。看见这里山洞深幽森林茂密，追兵根本无法找到踪影，才恍然大悟“八字箴言”是指此处才是安全的潜伏之地。惠能混进猎人队伍之中，住在山洞里。猎人捕杀动物，他经常偷偷放生。猎人煮食野味，他只吃肉边青菜。如今，怀集上爱岭的峰顶仍有被当地百姓称为“六祖岩”的石室遗迹。

惠能在怀集、四会的荒山野岭沉潜了15年之久，与猎人一道的艰苦生活和山高林密的恶劣环境，使他犹如宝剑在砾石中磨砺，15年的艰辛伴随着15年的思索，使他对佛法有了与常人不同的感悟，更加深了他对宇宙、人生的认识，思想变得更加成熟。他在寻找机会，像一只迎风展翅的雏鹰，就要去天空翱翔。

2. 法性寺说法现真身

争夺衣钵的风波渐渐平息，惠能于唐高宗仪凤元年（676年）正月初八，来到广州法性寺（今光孝寺）。

光孝寺是广州历史最悠久的佛教寺庙，最初是西汉第五代南越王赵建德的府邸，其历史之久远，留下了“未有羊城，先有光孝”的说法。三国时期，虞翻被贬广州时在此居住讲学，虞死后家人将其捐施佛门改为庙宇。东晋时期，印度名僧昙摩耶舍来穗传播佛教，在此增修大雄宝殿，改寺名为“王园寺”。达摩东渡中国时，最早在广州的华林寺落脚，后来在光孝寺讲经。南朝天监元年（502年），智药法师从天竺携来菩提树苗种植于广州光孝寺，据说中国各地的菩提树都是由光孝寺分植出去的。初唐时改名为“法性寺”，南宋以后称现名。

图20　广州光孝寺菩提树

智药法师在光孝寺种菩提树时曾预言，170年后有肉身菩萨在此树下受戒。不出其所料，175年后，惠能果然来到光孝寺。这时，正值印宗法师在讲《涅槃经》，忽然一阵大风吹来，高悬在旗杆上的佛幡被吹得左摇右晃。印宗当即发问：被风吹着的幡在动还是不动？众人纷起议论，有的说幡在动；有的说不是幡动，而是风在动。惠能从座上站起来，高声说道：“法师！不是风动，也不是幡动，只是人的心在动。佛法本来不存在动与不动。”此话一出，语惊四座。印宗久闻六祖已经南来，揣度惠能来者不凡，一问果真是六祖。遂请惠能拿出衣钵，众人礼拜。

接着，印宗法师向惠能请教弘忍禅法，惠能引《涅槃经》阐述“佛性是不二之法”。印宗折服，以己为瓦砾，视惠能为真金。于是，印宗亲自为惠能落发，并请智光法师为之受戒。惠能正式出家为僧，他的法嗣六祖身份也就公之于天下。光孝寺现为全国重点文物保护单位，寺中至今仍有菩提树、风幡堂和埋葬惠能剃度后的头发的瘗发塔等遗迹。

3. 传法南华，圆寂国恩

惠能自此开始了他的弘法生涯，在法性寺菩提树下收徒传法，闻名岭南。他被请任韶州曹溪宝林寺（今南华寺）住持，从此，在宝林寺传法长达37年之久。当时，神秀主张“渐悟”，在北方影响极大，号称“北宗”。而惠能主张“顿悟”，以华南为中心，是谓“南宗”。从此，社会上遂有了“南能北秀，顿悟渐修”之说。南宗从岭南兴起，曹溪宝林寺成为岭南禅宗中心。后来，惠能的弟子菏泽神会北上洛阳，弘扬南宗，并在无遮大会上辩论时战胜了神秀的弟子，使南宗威名大振，发展成为禅宗正统。武则天和孝和皇帝谕惠能赴京城，惠能托病力辞王室征诏，使禅宗保持了弘忍以来山林佛教的本色。中宗赠惠能摩纳袈裟一领、宝钵一口和绢500匹，今存于南华寺的惠能使用过的衣钵当是中宗所赠之物。

图21 国恩寺内六祖手植千年古荔

683年，在宝林寺的六祖惠能为“报佛恩、父母恩、国恩和众生恩”，派门人在自己出生的地方建报恩寺，712年又建报恩塔。唐中宗神龙二年（706年），武则天下诏赐寺名为“国恩寺”，并亲书“敕赐国恩寺”匾额。寺内有六祖手植的千年古荔和其父母的坟墓。

唐玄宗先天二年（713年），惠能回到新州，圆寂于国恩寺，世寿76岁。其法体真身不坏，由门人裹棕涂漆，保持其生前坐像，从新州国恩寺迁回曹溪宝林寺供养。唐代文豪王维、柳宗元和刘禹锡分别为六祖撰写碑铭，唐宪宗赠其谥号“大鉴禅师”，宋仁宗加谥“大鉴真空普觉禅师”，宋神宗追谥“大鉴真空普觉圆明禅师”，至元代仁宗又加谥“大鉴真空普觉圆明广照禅师”。

（三）揭真理创述坛经

惠能虽不识字，却是一位伟大的思想家，为后世留下了不朽的著作——《坛经》，成为中国本土佛教禅宗的宗经，在佛教界享有最为尊贵的经典地位，对中华文化乃至世界文化都产生巨大而深远的影响。

1.《坛经》的成书

惠能担任韶州宝林寺住持之时，韶州刺史韦璩仰其道风，于唐仪凤二年（677 年）请惠能入韶州城内，到大梵寺讲堂为信众说法，僧尼道俗听讲者有上千人。惠能的门人法海记录整理了当时开法的情况，编成了《六祖施法坛经》。“坛”指惠能讲法的法坛，“经”就是经典，意为惠能的法言就像至尊的佛经一样。惠能圆寂后，法海又与其他弟子一道，把平时记录和回忆起来的惠能讲经授法、师徒问答及临终嘱咐的法语加以整理，再行编辑成《六祖坛经》，或称《六祖大师法宝坛经》，简称《坛经》。现存最早的《坛经》，是在敦煌发现的版本。而我们通常能读到的《坛经》，是经过后来禅宗的菏泽、洪州、石头门下僧人多次编改而成。

在惠能故乡的国恩寺，有一则惠能弟子保护《坛经》的传说。说的是国恩寺的大雄宝殿两边供奉着二十罗汉，与其他汉传佛教的寺院大雄宝殿两边供奉的一般都是十六或者十八个罗汉有所不同，其原因就与《坛经》的编辑和保护相关。六祖惠能在国恩寺圆寂，神会、法海等众弟子便在国恩寺成立“录经堂”编辑《坛经》。许多邪魔外道惧怕六祖禅宗正旨传世，多次前来破坏，惠能高足神会和法海等舍身护法。就在《坛经》将要辑录成书之际，众魔半夜潜入“录经堂”放火。在火焰就要烧到经书的危急时刻，神会奋不顾身地跳入火海，用身体护住经书，法海等弟子把火扑灭。神会的身体和脸部被烧伤了，《坛经》幸未受到丝毫损害。后人为了表达对神会和法海两位高僧的崇敬，以两人为护法罗汉，将其法相置于国恩寺大雄宝殿两旁与其他罗汉一起供养，这就是国恩寺多供奉了两位罗汉的缘故。

2.《坛经》的内容

元代以来一直通行的《坛经》是宗宝本，约 2 万字，全书分为十

品（即十章），即行由品一、般若品二、决疑品三、定慧品四、坐禅品五、忏悔品六、机缘品七、顿渐品八、宣诏品九、付嘱品十。而敦煌法海集记《坛经》抄本只有1.2万字，不分品目。还有契嵩本、德异本、惠昕本等其他抄本，有的不分品目，有的分十门，有的分十一门或十六门不等。《坛经》全书讲述了惠能的生平、拜师学道等成长历程以及开示公案和临终嘱托等传法言论，是后人研究、学习禅宗六祖的直接依据和原始资料。

《坛经》全面地记述了惠能的佛学思想，融汇了佛禅机理，其主要观点是以人为本、以心为先，强调“无念为宗，无相为体，无住为本”的不二法门，主张“一切众生皆有佛性”和“见性成佛”、“顿悟成佛”等。有人概括惠能的学说有三根支柱：一是世界观上的真心一元论，即真如缘起论；二是解脱论上的佛性论；三是宗教实践上的顿悟思想。也有人概括惠能的主要思想为四个方面：首先指出人的心与佛是等同的，“即心即佛”；其次揭示了怎么样成佛的问题，即“顿悟成佛”；再次是解决如何“悟”的问题，应当靠自己“自性自度”；最后提出了人间佛教世间藏，强调“生活禅”。（林有能《中国禅宗六祖惠能大智慧》）

《坛经》中有许多惠能答疑解惑的记录，如“决疑品三”记载了六祖惠能大师论生西方的内容，说的是有人以佛从西来，故愿生西方。惠能认为此是迷误之论，说：“东方人造罪，念佛求生西方；西方人造罪，念佛求生何国？”因此，正确的观点是如佛所言：“随其心净，即佛土净。”在“机缘品七”中，广州南海人僧志道问何为“涅槃”，惠能作偈解说，曰：“无上大涅槃，圆明常寂照，凡愚谓之死，外道执为断。诸求二乘人，目以为无作，尽属情所计，六十二见本。妄立虚假名，何为真实义？惟有过量人，通达无取舍。以知五蕴法，及以蕴中我，外现众色象，一一音声相。平等如梦幻，不起凡圣见，不作涅槃解，二边三际断。常应诸根

图22　惠能著述的《六祖坛经》

用，而不起用想，分别一切法，不起分别想。劫火烧海底，风鼓山相击，真常寂灭乐，涅槃相如是。吾今强言说，令汝舍邪见，汝勿随言解，许汝知少分。”我们从《坛经》记录的惠能的这些原话中，能够了解到他思想的真谛。

（四）传后世光照岭南

在惠能禅师之前，禅宗一直是单传。而惠能弟子众多，据《坛经》记载有数千人之多，开悟者不计其数。有些弟子还是从对立的北宗转过来的，如北宗神秀的门下志诚被神秀派往惠能那里窃听说法情报，他认为惠能说法胜过神秀，便主动交代了真实身份，表示不愿离去，后来成了惠能门下的大弟子。惠能的直接“嗣法四十三人”，立传者十九人。惠能著名的弟子有菏泽神会、青原行思、南岳怀让、石头希迁、永嘉玄觉等，得法后各化一方，立宗成派，分头并弘。南宗在荷泽一派的推动下，取代了原先北宗神秀一系的地位而成禅门正宗，故史上亦将神会尊为禅宗七祖。禅宗发展出曹洞宗、临济宗、云门宗、法眼宗和沩仰宗，临济宗又衍出杨岐、黄龙两派。形成“一花开五叶”和“五家七宗”的强盛传承势态，南禅一派历千年而不衰，成了中国佛教主脉。“五家七宗”不仅在中国繁盛发展，还传入日本、朝鲜和东南亚地区，甚至远播澳大利亚和欧美多国。《坛经》也被译成多国文字，流布五大洲，不仅在中国的历史和文化发展中具有重要的地位，对世界文化也产生了重要的影响。

作为广府先贤，六祖惠能是一位值得我们永久崇敬和学习的先辈。他对包括广府文化在内的岭南文化具有特殊的意义，以普照后世的佛光，为岭南文化提供了光和热，注入了生机和活力。

1. 惠能主体自觉开启了岭南文化自信

惠能祖籍河北，但出生于岭南，得其母李氏的南方人种体质遗传，有“獦獠”的身份认同，主体自觉十分明确。惠能不仅有主体自觉，更有主体的自信。虽然在当时岭南文化与中原文化相比明显落后，但惠能却有着非凡的主体自信的气派，丝毫不认为自己低人一等，说出了“獦獠也能成佛”，并成为禅宗六祖，他的《坛经》是中国僧人撰写的著述中唯一被冠以“经”的一部佛教典籍。这种主体的文化自觉、自信和人格独立、自尊，正是岭南文化的一个重要特征。岭南

"山高皇帝远"，常常不受正统官方意识形态的重视，同时也产生了某种疏离。这种文化地位逼迫岭南人自主自强，以地域文化的特色和优势，绽放出岭南文化的奇葩，为中华文化的百花园增添绚丽的色彩。

2. 惠能创立南宗开启了岭南改革风气

惠能创立的禅宗南宗，就禅宗内部而言，实际上是对当时占据禅宗统治地位的北宗的改革。就中国文化而言，实际上是改革了整个中国佛教，宣告了真正的中国本土佛教的诞生，完成了佛教的中国化，实现了佛教传入中国以来历代高僧大德筚路蓝缕、孜孜不倦的追求。他勇于打破偶像崇拜、不立文字，提出一系列与正统佛教不同的新观点、新方法，甚至发展到后期的呵佛骂祖、毁佛谤经，这无疑是宗教界的一场革命。即便在因避难不得不与猎人同食捕获的猎物时，也会"食肉边菜"予以通融。这种改革、变通和创新的精神已经渗透到岭南文化之中，早已成为岭南人的集体意识。

3. 惠能平民宗教开启了岭南务实传统

惠能主张不管南北西东、尊卑贵贱，"众生皆可成佛"，"下下人有上上智"，其传教形式有"不立文字"和"教外别传"两个特点，把人们向往的天堂从遥远的西方搬到每个人的心中，用家中的日常生活修行代替寺庙内的烦琐仪式，把修行的方式由"渐悟"的苦修简化为本心佛性的"顿悟"，无异于拓宽了进入禅佛的途径，使其教派具有强烈的平民宗教色彩，更符合中国社会实际。惠能不识文字，教授徒弟只是口耳相传，心心相印，《坛经》就是由惠能口述、弟子记录而成，因此无论从形式到内容上都与普通百姓贴近。1959 年 10 月 22 日，毛泽东在同班禅额尔德尼·确吉坚赞谈话时就说《坛经》是"劳动人民的佛经"。这种来自百姓、面向实际的立场和观点，也使岭南文化形成民本务实的传统。务实重商、贴近生活、关注民生、服务百姓，是岭南文化传统的一条主线，并且延续至今。

4. 惠能崇心重悟开启了岭南心学文脉

惠能"即心即佛"的佛性观、"顿悟成佛"的修行观和"佛祖心中留"的主体意识等禅学理论，在学术上竖起了岭南文化的一面大旗，使心学成为岭南文人的内在品质和传承文脉。惠能以后的岭南先贤，大都受心学传统的熏陶，所形成的学术流派，如白沙学派、甘泉学派、九江学派，都有明显的心学倾向，甚至成为心学的代表。岭南诗派、岭南画派、岭南音乐，以及岭南的文学、建筑、书法、舞蹈、雕塑和其他工艺等，其基本特征就是富有禅意，给人的心灵以本真的震撼和开悟似的启迪。

总而言之，新兴夏卢村是惠能的诞生之地，怀集、四会是惠能的“顿悟之地”，广州法性寺是惠能的剃度扬名之地，韶关南华寺是惠能的弘法之地，新兴国恩寺是惠能的圆寂之地。惠能生长在岭南，他的精神遗产反哺家乡大地，融汇于岭南文化之中，不断地得到继承和发展。

六、张九龄

——大力推进岭南文明的唐代贤相

在唐代，岭北人尤其是中原人将岭南人看做是未开化的“蛮夷”，以至于惠能到湖北黄梅去拜谒五祖时，被当作“獦獠”而备受嘲笑，岭南“獦獠”也能学法作佛，简直是异想天开的梦呓。然而，惠能成为六祖的事实，已经有力地驳斥了中原人对岭南人的歧视。比惠能小30多岁的另一个岭南人张九龄，则以盛唐贤相的威名，在惠能之后又一次证明了岭南人不可轻视。他的家族也与惠能一样是从中原范阳迁徙入粤的，可能因为他的先祖并没有像惠能的先祖那样娶当地越人为妻，所以张九龄不像惠能般长得矮小，而是仪表堂堂，风流倜傥，乃当朝最有风度的大臣。他的品格和才智，也赢得了人们的赞颂。张九龄不仅仅以其官位让中原人尊重，以其风度让朝野折服，而且还开发大庾岭为岭南人民造福，以其诗文开创岭南诗派。因此，张九龄是岭南文明的一大功臣，他既是当时正在形成的广府文化的先进代表，也是即将形成的客家文化的鼻祖。

图 23　张九龄雕像

张九龄（678—740 年），字子寿，一名博物，谥“文献”，世称“张曲江”或“文献公”，韶州曲江（今广东韶关）人。唐开元尚书丞相、诗人，长安年间进士。一生中三度入朝，任职20余年。官至中书侍郎、同中书门下平章事（丞相），主理朝政。

曾建议杀安禄山，后为李林甫所谗，被罢相，为荆州长史。他勤政为民，秉公守则，直言敢谏，选贤任能，不徇私枉法，不趋炎附势，为唐“开元之治”建立了不朽的功绩。他善长五言古诗，有《曲江集》传世，以简练质朴的语言和刚健超逸的格调，扫除唐初所沿袭的六朝绮靡诗风，对盛唐诗词贡献尤大。他是岭南第一个位居丞相的人，并开发大庾岭，开创岭南诗派，为岭南文化的发展作出了极大贡献，被誉为“岭南第一人”。

（一）第一个官居相位的岭南人

张九龄出身低级官吏之家，且来自岭南蛮荒之地，以“进士”身份逐渐晋升到中书令，是中国历史上“学而优则仕”，由“进士”到丞相的第一人。这位被誉为“自古南天第一人”的张九龄，在他27年的政治生涯中，曾伴过四位皇上，包括自封女皇的武则天、武则天的两个儿子李显、李旦以及武则天的孙子唐玄宗李隆基。他由于才学超群，风度甚佳而受到李隆基的赏识，成为开元盛世的著名贤相。他在朝时，以耿直温雅、风仪非凡著称，时人誉为“曲江风度”。但张九龄在官场上也曾数度受挫，最后被罢相，如此贤相不能得到重用，也从侧面反映了唐朝盛极而衰的征兆。

1. 由“进士”到丞相

张九龄祖籍河北范阳，远祖在晋时曾任朝廷司空大臣。晋末，张家迁往江表（长江以南），四代祖因任官职来到韶州，曾祖父君政任韶州别驾，遂家居曲江。其父张弘愈担任新州索卢（今广东新兴县南）县丞，张九龄就出生于其父寓居新兴时。他自幼聪颖，7岁就知道怎样写文章。13岁那年，他就做了一件异于常人的事情，给广州刺史王方庆上书，刺史期许他“是必致远”。他青年时由曲江路经英德赴广州应试，作《浈阳峡》一诗明志：“舟行傍越岑，窈窕越溪深。水暗先秋冷，山晴当昼阴。重林间五色，对壁耸千寻。惜此生遐远，谁知造化心。”表明了他想通过科举博得功名，进入仕途，实现抱负的愿望。

张九龄于武后神功元年乡试名列前茅，武后长安二年（702年）24岁时考中进士，考官沈佺期对他特别欣赏。长安三年，著名诗人、时任朝中大臣的张说被武则天以忤旨罪发配岭南，他看了张九龄的文章，大加赞许，誉之为“后出词人之冠”，并把他看成自己家族里的子侄辈。这对后来张九龄进入仕途铺垫下了良好的机缘，他此后官运亨通就多得张说的奖掖和拔擢。中宗景龙元年（707 年），29 岁的张九龄中材堪经邦科，从此进入仕途。他起初只担任了朝廷里专职校对的九品小官吏，后来一直升迁，到玄宗即位迁右补阙。开元时历官中书侍郎、同中书门下平章事、中书令，拜同平章事，成为掌管朝廷政事的丞相。

2. 盛唐的开元贤相

张九龄从政数十年，无论任京官还是地方官，都名声赫赫，政绩斐然，是盛唐著名的贤相。

（1）选贤任能。

在张九龄担任九品校书郎后不久，唐玄宗召天下文士献治国之策，于是他写了篇建议朝廷恢复郊庙祭祀礼仪的奏疏，玄宗读后非常赏识，将他升为八品的右拾遗，专门在吏部负责选拔官吏与人才。在此任上，他坚持革新吏治，选贤择能，以德才兼备之士任为地方官吏。他看人很准，且极公允。他在《上封事书》中明确提出了官员要有实际工作的历练，才能逐级提拔。由于表现出色，在开元十年他连升两级为正六品司勋员外郎。次年，宰相张说又举荐他升为正五品的中书舍人。

（2）勤政爱民。

唐朝虽然处在全盛时期，却已显露出社会危机。张九龄的治政方针是勤政爱民，他针对社会弊端，提出崇“王道”黜“霸道”的从政之道，强调保民育人，反对穷兵黩武；主张省刑罚，薄征徭，扶持农桑。在中书舍人任上，张九龄又因建议河南广种稻、广屯田，升为从四品的太常少卿。后来又担任过冀州刺史、洪州都督、桂州都督、岭南道按察史等地方官。张说死后，唐玄宗任命张九龄为正四品的秘书少监、集贤院学士，再升从三品的中书侍郎。62 岁时他升到了正三品的中书令，加封金紫光禄大夫称号及从二品开国县公的高爵位，位居尚书左丞相之上。由于张九龄的一系列施政方针缓解了社会矛盾，巩固了中央集权，对维护唐朝“开元盛世”作用重大，因而被后世誉为开元贤相、盛唐名相。

（3）直言敢谏。

开元末年，唐玄宗倦于理政，渐渐沉迷享乐，疏远贤人。在小人得志的凶险政情下，张九龄敢于向皇帝直言进谏，多次规劝唐玄宗居安思危，整顿朝纲。当唐玄宗受武惠妃之惑，欲废太子李瑛时，张九龄坚拒武惠妃的贿赂，并及时据理力争，平息了宫廷内乱，稳定了政局。安禄山讨奚、契丹战败，被执送京师，张九龄主张按军法处以极刑，因他认为安禄山“不杀必为后患”，但唐玄宗心软，又听了李林甫的好话，放过了安禄山。张九龄也曾反对任用奸佞的李林甫、庸懦的牛仙客为相，但是唐玄宗仍被李林甫等人的谗言所惑而不从。开元二十四年（736 年），张九龄最终被罢相，贬为荆州长史。开元二十八年（740 年），宦海沉浮多年的张九龄心力交瘁，回曲江扫墓时病逝于家中。在他离世 15 年后，曾被其预断为“必反”的安禄山发动了“安史之乱”，导致了唐朝迅速从“全盛”走向衰亡。唐玄宗奔蜀，丢掉了皇位和杨贵妃，追思已逝的张九龄的卓见时痛悔不已，遣使至曲江祭拜，并追赠荆州大都督（从二品），爵封始兴公。

（二）打通大庾岭推进岭南文明

张九龄虽然祖籍在河北范阳，但家族迁居岭南已历四世，在广东出生和成长，并以广东籍登进士科，逐步升任至丞相，是岭南第一个位居相位的人。他对广东的贡献，也是其贤相事业的一部分，其中，他于唐开元四年（716 年）主持开凿了大庾岭新路工程，保障了南北交通要道的畅通，为开发岭南，繁荣岭南地区经济和文化起到了重要的作用。

1. 打通大庾岭梅关古道

张九龄由于与当时的丞相姚崇不合，开元四年（716 年），以染病为由拂袖告归，回乡供奉母亲。他热爱家乡，早就想为家乡多做点事情。返回曲江奉养母亲后，他见当地交通阻塞，便向唐玄宗呈上了开凿大庾岭新路的奏折，并派人将奏折飞骑送往长安。

大庾岭也称梅岭（也有人称大庾岭南麓为梅岭），是南岭的“五岭之首”，它横亘在粤赣之间，位于江西西南边陲的大余县和广东省南雄县交界处，成为中原到达岭南的天然屏障。早在秦代，秦始皇一统天下，为了征服南越，就打通过大庾岭，开拓出一条道路，人称“梅岭古道”，山顶之关曰“梅关”，为古道之咽喉，也是粤赣的分界线。秦始皇以此运兵运粮，并派重兵屯守，为其统一岭南发挥了重要的作用。到了唐代，内外贸易的繁盛使梅关古道的作用更显重要，但由于多年失修，加上沿途盗匪猖獗，商旅和行人过往十分不便。为了适应南北经济交流和对外贸易的发展要求，唐玄宗接纳了张九龄的建议，并大加赞许，命其率民工凿修大庾岭道，还增派一支戍边的官兵速往韶州由张九龄调拨使用。

图 24　**梅关古道**（陈湘平摄）

公元 716 年冬天，张九龄奉命重修梅关古道，他不畏艰险，日夜在工地亲自指挥视察，还向石匠介绍北方人采用的“火攻堰取”的方法提高采石效率。经过一年多的奋战，终于开通了大庾岭新路。新建的大庾岭干道没有沿袭秦汉时开辟的老路，而是在小梅关偏东方的隘口上，即从梅关乡梅山村另辟新道，经过“大梅关”由大余进入南雄。新道大约 8 千米长，比旧道缩短了 2.5 千米。经过扩建的新道，在沿途每隔几百米设一铺，共有 12 铺，每铺建有驿站、驿馆，设有戍卒防守，以便过往的人可以平安舒适地休息和日夜通行，保障了南北交通要道的畅通。张九龄开通的大庾岭干道是南北交通的一个重要里程碑，他也因修凿大庾岭路有功而被朝廷擢迁为左补阙之职，于唐开元六年（718 年）春奉诏返回京城。

2. 推进岭南文明

梅关古道是唐代以来直至近代岭南与中原的交通要道，也是目前全国保存最完好的古驿道。那高高矗立的关口，默默地诉说着张九龄这位盛世名相对家乡的殷殷情怀；那坚硬的路石，似乎铭记着张九龄对推动岭南文明作出的贡献。的确，这条古道的开通极大地促进了南北政治、经济和文化的交流，使得岭南在宋代以后逐步缩小了与中原的文明差距，到明代几乎处于同一发展水平。一方面，梅关古道开通后，商旅如梭，物资云涌，南来北往的公文传递、官车、商贾、货物以及海外贡使进京都要通过这一长江与珠江相连的黄金通道。正如张九龄在《开凿大庾岭路序》中所言，此举的目的主要在于南北交通："海外诸国，日以通商，齿革羽毛之殷，鱼盐蜃蛤之利，上足以备府库之用，下足以赡江淮之求。"事实证明，张九龄的这一愿望完全实现了。另一方面，大庾岭的开通，促进了中原与岭南的民族大融合、大团结，尤其是中原人向岭南迁徙，大都是经过梅关古道进入南雄，并在珠玑巷落脚，然后再分散到岭南各地。据《珠玑巷民族南迁记》、《南雄珠玑巷人南迁氏族谱》等合计，先后经南雄珠玑巷南迁至珠江三角洲一带的有家谱族谱可查的为 103 姓，197 族。这极大地改变了岭南民族和文化的原生态，使得广府族群、客家族群、潮汕族群先后形成。与此同时，唐宋以后岭南地区对中央的向心力日益增强，这与移民大量流入，岭南文化的三大板块先后形成，促成了民族的大融合是分不开的。

张九龄除了开凿大庾岭路和下面要谈到的开创岭南诗派外，他对岭南文明的推动作用还表现在其他许多方面。例如，相传张九龄返乡后不久就患上了瘴疠，他每天喝两碗金银花、淡竹叶、罗汉果、甘草等药用植物熬制的凉茶才得以见好。后来这一味凉茶被人们称为"张九龄凉茶"，广东人因气候燥热而喝凉茶的习惯由此形成。广东祭祀南海神的盛典也自张九龄始。开元十四年（726 年）六月，任太常少卿的张九龄奉命祭祀南岳及南海。广州的南海神庙，始建于隋朝，名气甚大，是皇室祭祀南海神专建的。岭南学者屈大均在《广东新语》中记载："（南海）神自唐开元时，祭典始盛。"而开元时是张九龄奉命到南海神庙祭祀的。开元十九年（731 年）七月，朝廷还委任张九龄为桂州刺史兼岭南按察使摄御史中丞，再次来到岭南巡视。但由于年代久远，张九龄的遗迹保留不多，今韶关市北郊罗源洞山麓还保留有张氏家族墓群，是广东省具有代表性的唐代大墓，其中张九龄墓于 1960 年被文物部门发掘重修。另外，韶关市有一条通衢大道叫"风度路"，曲江市马坝镇狮子岩风景区内有张九龄纪念馆。在广州白云区石井镇张村还建有张九龄纪念公园，湖畔设水榭"华馨精舍"，专题展览张九龄的生平事迹和诗歌作品。

（三）开创岭南诗派的杰出诗人

张九龄除了在政治上有卓越的贡献外，他的诗歌成就也颇高，写了不少留存后世的名诗，其诗文结为《曲江集》20 卷，共有 193 题 222 首诗、248 篇文。尤其值得广东人骄傲的是，清蘅塘退士编选《唐诗三百首》时，张九龄的“感遇诗”被列为开篇之作，足见其在唐代诗人中的地位。

图 25　张九龄的《曲江集》

张九龄诗歌的最大的特点是具有盛唐气象。张九龄善长五言律诗，其代表作很多，如《望月怀远》中的名句“海上生明月，天涯共此时”为千古绝唱。人们评价他的诗情景交融，情致深婉。有人认为张九龄的诗早年词采清丽，他的抒情诗颇为清新淡雅，被认为是“清淡派”的首创者。对他多有提携的前宰相张说也是诗人，其诗歌含有以王霸大业自许的倾向，语言比较质朴甚至粗率，他对张九龄的诗歌十分赞赏。张说诗歌中鲜明的英雄性格和倜傥豪放意气对张九龄影响很大，他的诗作有超逸的诗意和雅正的神韵，而这正是盛唐诗歌最显著的精神内涵，一扫唐初所沿袭的六朝绮靡诗风。张九龄到了晚年被贬，风格有所变化，转趋朴素遒劲。这种人生境遇使得他的诗歌与他的思想一致，具有“尚直”的风骨。他在“感遇诗”中写道：“草木有本心，何求美人折？”又曰：“江南有丹橘，经冬犹绿林。岂伊地气暖，自有岁寒心。”在政治上，这种风骨反映了唐朝盛极而衰的命运；在艺术上，则与豪放倜傥、雅正超逸的盛唐之风一道，构成了张九龄诗歌的艺术风格，这种风格对以后的孟浩然、王维等诗人有着深远的影响。张九龄曾选拔孟浩然为荆州府幕僚，选拔王维为右拾遗。王维、杜甫都作有颂美他的诗篇，杜甫晚年还曾在《八哀诗》中惋惜年轻时想把作品呈献给张九龄却未能如愿。

就岭南文化来说，张九龄的诗对岭南诗派起到了开创和启迪的作用。张九龄的诗歌继承《诗经》传统，运用比兴手法，描写山水的田园诗带有闲静、幽远的韵味，而抒情诗又清新淡雅、超凡脱俗，对岭南诗派影响深远。唐诗有张九龄，宋词有崔与之，唐诗宋词作为那个时代的文化标志，都有广府先贤人物站在制高点，决定了岭南诗派有着不同凡响的高度。一般认为，岭南诗派是明代以后才形成气候的，但在张九龄那里，已经打下了基础，尤其是他的诗歌风格对岭南诗派具有积极的影响。

明代思想家丘濬写过《寄题张丞相祠》：“岭海千年第一人，一时功业炯无伦。江南入相从公始，衮衮诸贤继后尘。”这首诗对张九龄“岭海千年第一人”的评价是很高的。可能是因徐浩的《张九龄神道碑》有“封章直言，不协时宰”之语，张九龄又经常直谏和弹劾同僚，一些人认为他脾气不好，如英国的《剑桥中国隋唐史》认为：“张九龄是一个有名的难以相处的人，拘泥、固执、碍事，并且对一些小的原则问题斤斤计较；他心胸狭窄，偏见很深。”这种见解是不正确的。张九龄只是个“尚直”的疾恶如仇的人，他作为盛唐开元的一位丞相，勇于担当，遏制奸党，斥责丑恶，这种“尚直”的品格也深深地融入岭南文化和广府文化之中，成为其内在精神，影响至今，激励我们“不惟书，不惟上，只惟实”。这种精神，不正是我们现时代所需要继承和发扬的吗？

七、崔与之

——广东第一个学术流派的创始者

在“南粤先贤馆”列入的56位先贤中，有两位曾经官居丞相的名人，一位是唐代的张九龄，另一位是宋代的崔与之，人称“二献”。然而，张九龄的名气在岭南很大，在全国也负有盛名，而曾经官居一品丞相，文治武功彪炳青史，至今留有许多历史遗迹的崔与之，却由于种种原因，大多数人已经不知其名。崔与之作为岭南第一个学术流派的创始者，把广东的学术文化向前推进了一大步。如果说在惠能生活的唐代，中原人还把岭南人称作“獦獠”，把岭南文化贬低为“南蛮”文化，那么，有了“二献”对岭南文化的贡献，在宋代以后，人们再也不把岭南文化看做是荒蛮之地原始落后的文化，岭南文化与中原文化的差距缩小了。崔与之以其独有的贡献，实现了“立德、立功、立言”的人生“三不朽”，是人们不可忘却的广府先贤。

崔与之（1160—1241年），字正之（子），号菊坡，谥清献，广州增城人。南宋著名的政治家、思想家和军事家。绍熙四年（1193年）进士，是岭南士子由太学考取科举的第一人。之后他在京城和多个地方任职，官至广东经略安抚使兼知广州，拜右丞相兼枢密使。在长达数十年的官

图26 崔与之铜像

宦生涯中，在政治、军事方面屡建奇功，品德清廉人人赞叹。在学术文化方面上承张九龄，下启陈献章，为岭南诗祖，创建了岭南第一个学派——菊坡学派，这是此后岭南学术的源头之一。史臣称之“与张九龄齐名异代，诚吾广百世师表也”。所谓“二献”之说，因张九龄谥号“文献”，崔与之谥号“清献”，人们将“二献”并提，说明这两位广府先贤的贡献和地位。

（一）军政事功显奇才

崔与之的先祖由河南汴京南迁至江西宁都，现宁都黄石乡山梓村黄金坑有崔与之曾祖父崔克之墓。2003 年，又在高要市回龙镇刘村企山发现崔与之曾祖母朱氏之墓，可推测崔与之曾祖辈时再由宁都迁至广东，经河源落籍增城。

崔与之出生于广州增城的一个医者家庭，其父屡试不第，转而从医。其母罗氏梦星辰入腹怀孕，生崔与之，取乳名“星郎”。崔与之幼时丧父，但他从小聪慧，好学上进。崔与之曾多次应试皆落榜，后得到增江书友林仲介等人的慷慨资助，于 1190 年负笈北上至京城临安入太学，1193 年参加会试中进士，从此步入仕途。

1. 勤政爱民有“文韬”

崔与之在南宋光宗、宁宗、理宋三朝为官 47 年，历任广西、湖南、四川、江西、江苏、广东、海南等地的县、州、府、路官职，在朝廷里先后任过礼部员外郎、秘书兼太子侍讲、工部侍郎、礼部尚书等，领右丞相兼枢密使后致仕（退休）回乡。

崔与之在担任地方官时，以勤政爱民著称于世，颇有政绩才节节高升。起初被任命为广西浔州（桂平）司法参军，是个“从八品”的小官。年久失修的粮仓缺少屋瓦，为了修好粮仓，崔与之就撤掉自己所居官衙的瓦片盖粮仓，而自己则用茅草代替，郡守因而推荐他转任更高的职务。在海南，他免除了老百姓不合理的官差苦役，深得民心。在任京官时，崔与之提出过许多良策被朝廷采纳。他曾在诗中写道：“人谋合处天心顺，民力宽时国势张。”他认识到人才的重要性，对宋理宗在用人问题上敢于参奏己见，他说：“天生人才，足供一代之用，唯辨其君子小人而已。忠实而有才者，上也；才虽不高忠实有守者次也。”他自己就是一个相帅之才。据不完全统计，崔与之曾 13 次奏禀

皇上为朝政建言献策，是南宋朝廷最受重视的智囊人物和得力干将。他秉承儒家的仁政爱民思想，一生以民生为重，就在去世前不久，还写下了“东南民力竭矣，诸贤宽得一分，民受一分之赐”的肺腑之言。

2. 靖边平乱具“武略”

崔与之是南宋抗金名将之一，军事经验相当丰富，他在内忧外患、风雨飘摇的南宋，提出积极防御的战略思想，主张固守伺机、安边实边、军民联防和广积军备。他有杰出的军事才能，是一位文韬武略兼备的名臣。

（1）淮东、西蜀抗金兵。

崔与之两度临危受命，前后出任过淮东、西蜀这两处抗金前线的最高军政长官，确保了淮东晏然，蜀中大治。他根据民间养马的传统，创办“万马社”，阻抑金兵进犯淮扬。尤其是在川陕剑门关，可谓“一夫当关，万夫莫开”，形成金人与西夏难以逾越的铜墙铁壁。当时四川的军队与地方官不和，危机四伏。皇帝派崔与之去四川，出任军政要职。不出一年，他就化解了军民不睦的矛盾，而后又设法联合西夏，真诚招抚金人。崔与之曾因病离任一段时间，金兵乘虚侵川，朝廷只好命崔带病复职，金兵闻讯，慑于其威名便自行撤军。他在四川任职时间最长，蜀人对他造福一方十分敬佩和怀念，称之为“岭南古佛，西蜀福星”，供奉他于成都“三贤祠”。

（2）息兵变护卫广州城。

端平二年（1235 年），年逾古稀的崔与之在广州家里休养，宋理宗授其在家乡就近为官，任广南东路经略安抚使、兼知广州，成为岭南的封疆大吏。任命尚未到达，广东就发生兵变。驻守在江西境内的广州摧锋军因远戍外地达 8 年之久，颇有战功却遭受不平待遇，故而哗变，沿惠阳、博罗一路烧杀抢掠，长驱直入围住广州并开始攻城，还未接到卸任命令的郡守仓皇出逃，百姓顿时乱成一团。满城文武官吏聚至崔府商求对策，崔与之勇敢地站出来，担负起了解救广州、平息叛乱之责。他率众登上城墙，在城头上对叛军喊话，派门人李昴英、杨汪中出城向叛军安抚宣谕。哗变的军士看见德齿具尊的崔与之，服其恩威，纷纷下跪弃械，只有为首者自知罪责难逃，率少数随从逃亡至肇庆，广州得以解围。崔与之继而追剿逃到肇庆的叛军首领，终于

平息兵变。这时，朝廷的任命已经送达，崔与之辞职家居未充，只得受命，又因年事已高，只能在家中升堂治理。

（二）廉洁自律留清誉

崔与之一生曾上书辞职数十次，由此可见他淡泊名利。崔与之从政近 50 年，不仅政绩显赫，而且廉洁自律，从未受到过弹劾降职，在历史上享有清誉，文天祥赞誉他“威德清风，跨映一代”。

崔与之常说：“官职易得，名节难全。”他曾节录刘皋的“四无名言”为座右铭：“无以嗜欲杀身，无以货财杀子孙，无以政治杀百姓，无以学术杀天下后世。”概括起来，崔与之的廉政思想可概括为“四不”：

1. 不惧权贵

在他任淮西提刑司检法官时，王枢密的儿子依仗权势，巧取豪夺，称霸乡里，人们来官府衙门告状，许多官吏都不敢受理。当状纸递到崔与之那里，他不畏权贵，秉公判决，责令乡霸退还民田。他生平不怕得罪权贵，多次弹劾贪官污吏，并多次上奏皇帝扼制大臣专权，扭转皇权不力之弊。

2. 不贪钱财

嘉定三年（1210 年），崔与之被提点为广西刑狱。广西是“天高皇帝远”的岭南荒寂之地，地方官吏任意盘剥压迫百姓，只有他每巡察一地，必自带费用，一切公务开支按日计给，不动用地方一分一毫。嘉定十六年（1223 年），崔与之奉召离开四川入京任礼部尚书，各地官员都送来贺礼，他一概谢绝，并将按例归他所得的结余款项充交官库。他晚年在广州休养和办公，朝廷仍按宰相待遇发给他俸禄，但崔与之一再辞谢不受，将薪俸悉数交回。自从中年时夫人林氏去世，他便不再娶妻。他生活也十分俭朴，无其他嗜好，闲时常读书，书斋前只养有一对观赏用的白鸽。

3. 不徇私情

崔与之居官数十年，提拔了许多人才，但都是秉公衡量，绝不徇私。对待同乡，不因乡党额外照顾。当时广州有个叫吴仁孙的，及第之后到地方上去任职，想求他给地方打个招呼，以便疏通关系，崔与之严肃地予以拒绝。他对待亲属更是要求严厉，不许他们干政。按朝廷规定，宰相可享受恩荫，他姐姐多次找他，希望他给外甥谋个一官半职，但他始终没有按朝廷恩荫惯例为外甥谋求官位。甚至自己的儿子娶妻，按规定可以得到官方的嫁妆田，也被他责令退回。他晚年养老在家，只是买了一处小屋自住，有节余的钱物便用来接济亲友，没有增置园地产业。

4. 不恋官位

他淡漠官职权力，从四川卸任后，“轻舟出峡，翩然归里”，在广州杜门过了10年，朝廷多次委以重任，他都以年老体衰为由予以拒绝，如七疏辞参知政事（副宰），十三疏辞右丞相兼枢密使。他后来虽领衔右丞相，却没有登朝上任。他还在临终留下遗嘱：“不许作佛事，子侄俱不得求官阶。”崔与之淡泊名利之举，在史上留下了“白麻不拜”（皇帝的诏书使用白麻纸）的美名。

（三）南粤词学从此始

作为一个文人，崔与之以诗词著名，被尊为“粤词之祖”、“岭南边塞词之祖”。

他的诗词风格雅健，岭南词风以“雅健”为宗旨，就是由他开始的。其词多为表达忧国爱民之感情，深挚动人，洋溢着强烈的事功色彩，被称为“高华壮亮，犹有唐人遗音”。他的传世代表作《水调歌头·题剑阁》是爱国主义的著名词作。词曰：“万里云间戍，立马剑门关。乱山极目无际，直北是长安。人苦百年涂炭，鬼哭三边锋镝，天道久应还。手写留屯奏，炯炯寸心丹。对青灯，搔白首，漏声残。老来勋业未就，妨却一身闲。梅岭绿阴青子，蒲涧清泉白石，怪我旧盟寒。烽火平安夜，归梦到家山。”这首词写于1219—1222年

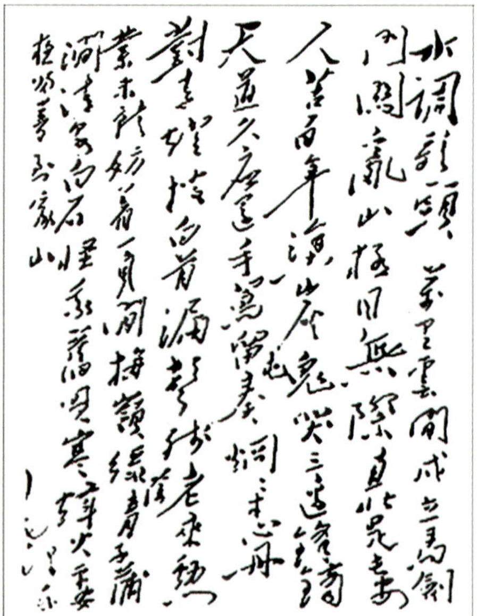

图27　据传为毛泽东手书的崔词《水调歌头·题剑阁》

间，崔与之出任成都知府兼成都府路安抚使，当时淮河秦岭以北的大片国土，尽沦于敌手。崔与之登临剑阁，立马剑门，举目望中原，感怀赋诗。起句气势恢宏，形成全词的豪迈基调。继而由豪迈转为苍凉，描写金兵入犯给中原人民带来的巨大苦难，内含无穷的悲愤，表达了他对北方人民的思念和关注。“天道久应还”五字，铿锵有力，字字金石，流露出对收复失地的强烈愿望和稳操胜券的信心。最后的一句“烽火平安夜，归梦到家山”，思家情深，报国意切，溢于言表。崔与之的这首《水调歌头·题剑阁》，苍凉沉郁，感情与风格与陆游、辛弃疾、陈亮的词相近。同时，崔与之的诗词精神上又大有陶渊明的洒脱，“梅岭绿阴青子，蒲间清泉白石”的情景描写和“一身闲”的意境，大有老庄道家意蕴。

崔与之的诗词对后世岭南词的创作影响尤大，他被称为“粤词之祖”，开一代词风。其主要原因在于，此前岭南虽有词作，但写词而知名者极少，词的格调不高。直至南宋崔与之，岭南的词才稍著称于世。崔与之开创了“雅健”的岭南词风，南宋后期的李昴英、赵必、陈纪等人，便是这种“雅健”词风的继承者。我们可从崔与之的另一首词《贺新郎》再度领略他“雅健”的词风，词曰：“雨过云容扫。使星明、德心高揭，福心旁照。槐屋犹喧梅正熟，最是清和景好。望金节、云间缥缈。和气如春清似水，漾恩波、沾渥天南道。晨鹊噪，有佳报。天家黄纸除书到。便归来、升华天下，安边养浩。好是六逢初度日，碧落笙歌会早。遍西郡、欢声多少。人道菊坡新酝美，把一觞、满酌歌难老。瓜样大，安期枣。”

有人说毛泽东较为欣赏崔词，曾手书崔与之的《水调歌头·题剑阁》，真迹原藏在广州市博物馆。但现在该馆却未能找到此件存档，坊间只有照片流传，真伪难辨。

（四）菊坡学派立新风

崔与之是学者型的官员，开创了“菊坡学派”，这是岭南历史上第一个学术流派。“菊坡”为崔与之名号，相传北宋熙宁七年（1074年），增城春岗出现一对凤凰，人称春岗为凤凰山，建凤凰亭为记。南宋宝庆元年（1225年），崔与之退隐家乡后，理宗将凤凰山赠给崔与之，并赐名“菊坡”。崔与之于1226年将这座园林改建成菊坡书院，岭南的书院也由菊坡书院而始。书院中建有“凤凰亭”一座，刻有崔与之题写的“老圃秋容淡，寒花晚节香”，故人们亦称此亭为“菊坡亭”。崔与之在菊坡书院会客讲学，培育人才。可惜该书院在抗日战争时期被炮火所毁，仅存凤凰亭。崔与之的著作主要保存在《崔清献公集》（五卷，词附）之中。

1. 菊坡学派的构成

崔与之为官47年，久握军政实权，奖拔了大量人才，既有淮川诸省和京城临安的，也有广东本省的。他晚年还建“菊坡书院”培养后学。在这些人中，有数十人成为名学者或名臣，如魏了翁就得到过他的提携。在他的弟子门生中，许多人成为菊坡学派人物。黄宗羲的《宋元学案》在“丘刘诸儒学案”中收入崔与之，其传承是崔与之—洪咨夔—程掌。清人编《宋元学案补遗》卷79中除了列出“崔氏家学”有崔与之的儿子以外，还列举“崔氏同调”有谭凯、刘镇、温若春、吴纯臣，“崔氏门人”有洪咨夔、李昴英、黄镛，“菊坡续传”有李肖龙。其中，李昴英为菊坡弟子中最得力者。李昴英是番禺人，理宗宝庆年间进士，官至龙图阁侍制、吏部侍郎。李昴英讲经筵时，多次提起恩师崔与之的才学和功绩，令宋理宗对崔与之十分思念，还大书“菊坡”二字，赐予崔家。李昴英弟子又有陈大震、李春叟、何文季、曾士倬等多人。可见，菊坡学派在当时已具较大规模。

图28 菊坡书院旧址上的“凤凰亭”

2. 菊坡学派的主旨

在长期的为官生涯中，崔与之形成了“廉洁奉公、淡泊名利、关心民生、崇尚和谐、反对清谈”的高贵品质，决定了菊坡学派的主旨。

在自然观方面，他是无神论者。53 岁那年，崔与之赴海南巡视，他的下属说：“海滨有神灵，要渡海先得求神祷告。”崔与之不以为然：“海南各地官吏长期违法鱼肉百姓，我去为民除害，哪里需要神灵批准庇佑！”崔与之以及他的弟子李昴英等都倡导天人合一、人与自然和谐发展。

在政治观方面，崔与之提倡仁政爱民、亲贤用才、讲究气节、廉洁奉公以及爱国主义的精神，并讲究积极防御的军事战略，最为突出的是经世致用之学。崔与之秉承父亲“不为良相，则为良医”的济世为民思想，继承了“以天下为己任”、“经世致用”的儒家优良传统。他在诗文中写道：“胸藏经济方，医国收全功”；“须知经济学，无不堕秦灰”；“得到中流须砥柱，共鸣事业要双全”。尤其是他提出的“无以嗜欲杀身，无以货财杀子孙，无以政事杀民，无以学术杀天下后世”，更是振聋发聩之语。

这些思想与南宋时期风靡全国、占据意识形态统治地位的程朱理学殊途异趣，在学术指向上可以说是一股新风，却与岭南文化、广府文化强调经世致用、重视经济的传统一脉相承。

崔与之对岭南后学也有重要影响，如明代大儒陈献章一看见菊花就想起先贤菊坡，并赋咏菊诗多首。崔与之提倡天人合一的思想对陈献章的自然、自得之学也有所启迪，可见“菊坡学派”对“江门学派”有重要影响。而清代学者陈澧，则担任菊坡精舍的山长。

作为广府先贤，崔与之在广府地区留有许多遗迹。崔与之墓在其出生地增城市崔屋村附近的华山，“文革”时遭破坏，后重修。在崔屋村有清末重修的崔太师祠，新塘中学竖有崔与之像。广州的朝天路西侧有崔府街，街内曾经有“崔与之故居”，正门高悬宋理宗亲题的“菊坡”二字，后因城市拆迁被毁。白云山蒲剑寺里有“清献祠”，祠内悬挂着崔与之彩服衣冠的画像。海珠区漱珠岗纯阳观内有“崔菊坡祠”。越秀山麓建有以崔与之的号命名的“菊坡精舍”学府。

八、陈献章

——岭南唯一从祀孔庙的硕儒

如果说广府民系在唐宋时期已经开始逐步形成，那么广府文化也以惠能、张九龄和崔与之为代表，在中华文化中初露锋芒，岭南文化已经在中华文化中具有一定的影响力。进入明代，广府文化、岭南文化已经与中原同步，明代广府文化的领军人物就是陈献章。

陈献章（1428—1500 年），字公甫，号石斋，别号江门渔父、南海樵夫、玉台居士、碧玉老人、黄云老人等，因迁居于江门白沙村，人称白沙先生。广东新会（今属江门市）人。明代杰出的哲学家、教育家、书法家和诗人。他一生不曾当官，以理学闻名于世，著有《白沙子全集》。明代的中华文化以理学中的心学学派占主导地位，而陈献章则是开启明代心学的第一人，其学派被称为“白沙学派”或“江门学派”。白沙的学术思想，对中国文化尤其是以广府文化为代表的岭南文化的发展产生了深远的影响，确立了广府文化、岭南文化在整个中国文化发展中的重要地位。由于陈献章是中国历史上的旷代大儒，是明代心学的肇始者和代表人物之一，得以从祀孔庙，成为岭南历史上唯一从祀孔庙的先贤，享有“岭南第一人”之誉。

图 29　陈献章塑像

（一）继承理学成硕儒

陈献章的高祖陈判卿和曾祖陈东源，原居住在新会外海（今属江门江海区），至其祖父始徙居都会乡，陈献章就在此降生。传说，陈献章是天上太白金星托化降生，唐代一行和尚在外海“结庐为庵”，夜观天象，预言“五百年后，必出异人”，该题词今天仍保留在江门茶庵寺内。

陈献章10岁时，再由都会乡迁至不远处白沙村，这里因出产一种细白的沙石而得名。据明史载，陈献章身材修长伟岸，目光炯炯有神，右脸长了七颗北斗星座般的黑痣。他从小颖悟非凡，过目不忘，而且很有志气，以孟子的“天民”自励，要做天地间第一等人。但他生活于王振弄权、土木之变、英宗复辟等动乱的社会环境里，一生坎坷，几次科举皆不如意。他20岁中乡试排名第九，次年到京师参加会试仅中副榜，虽不能参加殿试，但得以进国子监读书，24岁时第二次参加会试落榜，虽一身学问但仕途无望，于是南归立志于学。

1. 赴江西从学大儒吴与弼

明景泰五年（1454年），陈献章27岁时，远离家乡到江西师事当时著名的学者吴与弼。

吴与弼（1390—1469年），字子傅，号康斋。江西抚州府崇仁县人。他父亲吴溥任国子监司业，19岁时入南京觐亲，师从被誉为明初“三杨”的“南杨”杨溥，在《伊洛渊源录》的激励下，闭门苦读，两年不下楼，终于创立“崇仁学派”，成为名噪一时的学者。

明代商品经济日益发达，但官方正统程朱理学却十分僵化，使得人们在思想意识上如死水一潭。而吴与弼的崇仁学派主张在生产和生活中身体力行道德学问，吴与弼除了教授学生书本的学问，还把种田、家务乃至铺纸磨墨、敬茶迎宾都纳入教学之中。他德高品清，甘于在贫困中体验孔颜之乐，拒绝科举仕途，曾多次辞却荐官，唯有一次被强迫就职也只在京师停留了两个月便称病辞官回家。这些不仅给世风学风带来新鲜空气，也对陈献章的道德学问产生了极大的影响。

刚到吴与弼门下时，陈献章尚未适应，天空初露晨曦，吴与弼就大声呵责还未起床的陈献章：“举人呀，如果你懒惰不用功，何日才能走到程伊川的门下？何日才能走到孟夫子的门下？”俗话说“严师出高徒”，在老师的严厉教导下，陈献章学问大有长进。但终因老师所教的与他过去所学所思的不同，“未知入处”，于是，学了半年后陈献章便告辞还乡。

2. 春阳台闭门读书静坐

陈献章归家后，从景泰七年（1456 年）到成化二年（1466 年）这十年间，在家附近的小庐山的山坡上筑成一间颇具规模的书舍，题名“春阳台”。他在春阳台闭门谢客，数年不出户外，一心读书，并修炼静坐法。家里人怕打扰他读书，就在春阳台的墙壁上凿了个洞，每天的衣物和饭菜都由洞外递进来。就这样，陈献章在春阳台整整苦读了十年，把古今儒家、佛家、道家的典籍以及各种正史野史等，都仔细阅读研究，学识和修养都大有长进，得出“学贵自得”的结论，思想也发生了转机，由读书穷理而转向求之本心，并提出“惟在静坐，久之然后见吾心之体”的修养方法，开始显示出有异于朱学的心学思想倾向。

经过十年的苦修，陈献章终于走出春阳台，开始设帐讲学，接收学生。他设馆授徒的消息一传开，珠江三角洲各地的学生便接踵而至，他的名气逐渐大了起来。

3. 几度进京壮志未酬

陈献章在 38 岁时（1466 年）接受学士钱溥的劝告，上京重入太学读书。国子监的主管官“祭酒”名叫邢让，他要陈献章以“和杨龟山《此日不再得》韵”作一首诗。陈献章作五言古体诗，祭酒读后惊叹：“龟山不如也！”这令他一夜间名震京城，被誉为“真儒”。但是，命运又给陈献章开了个玩笑，成化五年（1469 年）会试他竟然再次落第，这完全出乎人们的意料。传说陈献章的试卷遗失，到处找不到，这样才导致他仕途失意，但真相如何已无从考证。已到不惑之年的陈献章经历这次挫折之后，对功名已彻底失望。陈献章重游太学，虽然没有获得功名，却受到京师名士们的极高推崇，他们争相与陈献章往来交友，甚至有些官员拜他为师。不久，国子监派他去吏部文选清吏司办理文案。因与人志趣不合，半年后南归，重操教学之业。

成化十八年（1482 年），在陈献章 55 岁的时候，经两广总督朱瑛和广东左布政彭韶的先后推荐，皇帝下了诏书请他上京。当他听到吏部要他考试后才安排任职时，他本来拒绝前往应试，后来才勉强同意上京。但他本来虚弱的身体在长途跋涉后病倒了，又因思念病中的母亲，于是在京城听候任用才几个月，便上疏皇帝，请准回乡。

4. 秉承传统孝母亲

陈献章的孝道，秉承的是儒家文化的真髓。陈献章是遗腹子，父亲早逝，母亲24岁就守寡，终生守节抚育儿子。因此，陈献章对母亲特别孝顺。作为一名儒家学者，他认定孝为百行之源，是人们一切道德行为的基础和根源，说“夫孝，百行之源也。通乎神明，光于四海”，“故君子莫大乎爱亲”。因此，陈献章在给皇上的请辞奏章中写道：“非母之仁，臣委沟壑久矣。臣生五十六年，臣母七十有九，视臣之衰如在襁褓。天下母子之爱虽一，未有如臣母忧臣之至、念臣之深也。” “臣母之忧臣日甚，愈忧愈病，愈病愈忧，忧病相仍，理难长久。臣又以病躯忧老母，年未暮而气已衰，心有为而力不逮，虽欲效分寸于旦夕，岂复有所措哉！”这情真意切的母子情打动了皇上，皇上不仅授予陈献章官爵，还赐其母贞节牌坊，至今仍保存完整，竖立在白沙祠内。

图30　皇上赐给陈献章母亲的贞节牌坊

陈献章不仅在京城赢得了大儒的声誉，在家乡更是得到人们的尊重，以至于声名远播，传说就连强盗都敬畏其威名。据说陈献章有一次在海上遇上一群海盗，贼人上船先把坐在船头的人的财物掠劫一空，坐在船尾的陈献章大声地说：“别拿他们的东西，来拿我的！”贼人奇怪地问道：“你是谁?”陈献章从容不迫地答道：“我是新会陈白沙。”贼人一听，当代名儒正在船上，赶紧把刚才搜劫的财物放回客船，连道“得罪得罪”后匆匆离去。

（二）开启心学祀孔庙

作为中国明代伟大的思想家，陈献章的最大贡献在于开启了明代心学，享祀孔庙完全是实至名归。

1. 陈献章的心学思想

陈献章的思想形成了一个完整的心学体系，他提出了一系列独特而极具价值的观点。

（1）“以自然为宗。”

过去人们一直认为，陈献章作为一名心学家，他的本体论应当是“心本论”。但近十几年来的研究，推翻了陈献章主观唯心主义者的定案，在承认其哲学本体论存在既有唯物又有唯心的内在矛盾的前提下，认定其本质是“自然道论”的朴素唯物主义或道气同体的本体论。他提出“以自然为宗”（黄宗羲《明儒学案》），把“气”和“道”都作为宇宙的本原。他认为学问的“自得”与否，就看是否“自然”。

（2）“君子一心，万理完具。”

作为一名心学家，他十分重视“心”的作用，认为“君子一心，万理完具”（《论前辈言铢视轩冕尘视金玉》），把心当作道的寓所。在“心”与“理”的关系方面，强调“此心与此理”、“凑泊吻合”（《复赵提学佥宪》）。他进而标榜“天地我立，万化我出，宇宙在我”（《与林郡博》）的境界论，凸显了“心学法门”的特征，与陆九渊的“宇宙便是吾心，吾心即是宇宙”如出一辙。

（3）“静坐中养出端倪。”

在方法论上，陈献章以贵“疑”为入手点，以“自得”为依归，从疑问到自得的途径，是“反求诸心”，具体的方法是“静坐”。特别提出“从静坐中养出端倪”（《与贺克恭黄门》），“以虚为基本，以静为门户”（黄宗羲《明儒学案》），这些观点成为白沙学的标志。通过这个方法，彻底否定了朱熹的即物穷理之说，他把本体论与方法论统一起来，使一切求诸于心作为他由理学转为心学的一个重要标志。也因为他静坐致虚，被一些学者批评为近禅。

2. 江门学派及白沙后学

陈献章回到家乡讲学，培养出了数千学生。因白沙村濒临西江入海之江门，所以明、清学者称其学说为江门之学，以其学派为江门学派。

作为教育家的陈献章在教学上诲人不倦，要求学生多多自学，勤奋思考，善于发问，力求创新，讲究务实。除了讲授经史文学等课程外，讲学余暇常与学生于旷野间练习射箭骑马。针对一些学生沾染了酒色、浪荡和懒惰的坏习气，他自编了《戒色歌》、《戒戏歌》、《戒懒文》给学生诵读，作为座右铭。久而久之，人们纷纷拜于其门下。据《明史》记载，各方来学者多达数千人，其中列入传书的著名弟子超过百人以上，如清代学者阮容龄作《白沙门人考》，选录的白沙弟子有 156 人之多。著名的有增城湛若水、顺德梁储、新会区越、南海张廷实、东莞林光、南海张诩、辽东贺钦、湖北李承箕等。辽宁人贺钦曾是朝廷的一位官吏，因仰慕陈献章的品德和学识，便辞官来拜陈献章为师。湛若水影响较大，其创立的甘泉学派有白沙别派之称。当年陈献章常在蓬江边钓鱼台钓鱼，并建有一个小院子，后来陈献章效仿佛教传衣钵的做法，将这个钓鱼台作为自己的衣钵，传给最得意的弟子湛若水。

图 31　陈献章建的“钓鱼台”（郭毓玲摄）

3. 陈献章的历史贡献

明初的程朱理学一派独尊，尤其是朱学把人们引上了读书考证、文字训诂的道路，学术思想领域陷入沉闷局面。正是陈献章打破了这一僵局。他虽师出康斋理学之门，但“当为别派”（黄宗羲语），即由理学转向为心学。白沙学的横空出世表明了朱学一统局面的结束，也预示明代心学思潮的开始。明朝中后期，心学盛行，陈献章开其端绪，居功至伟。清初著名学者黄宗羲写的《明儒学案》，对陈献章作出这样的评价：“有明之学，至白沙始入精微。”

陈献章的学说开创了明儒心学的先河，在明代的地位很高，影响

深远。陈献章的弟子湛若水开创甘泉学派，为明中期心学的重要代表，与王阳明并立齐名。陈献章对王阳明的影响，可以从王阳明与湛若水的关系中间接地找到蛛丝马迹。白沙的“自得”之学以及倡导“心学法门”，影响了阳明心学。王阳明的“天下之物本无可格者，其格物之功只在身心上做”（《传习录》下），将身心同提并举，是对白沙学精髓的发扬。而白沙学对阳明后学的影响则更明显。如对江右王学的聂豹、罗洪先的“主静归寂”派的影响。白沙学对泰州学派王艮的“百姓日用之道”、“安身立本”的淮南格物说的影响更具意义。王艮认为“身与天下国家”皆为“物”，其中身为本，天下国家为末，“修身，立本也；立本，安身也”（《答同补遗》）。对刘宗周的影响，乃是一脉相承。而阳明后学对身心和谐论的重视，虽与明代以后道教性命双修的盛行有关，但也是受陈献章强调身心和谐论的影响的结果。这种对身心和谐的重视，实际上是对个人生命和权利的尊重，引发了明清早期启蒙思潮。

鉴于陈献章的学术地位和历史贡献，在陈献章去世85年后，明神宗下诏让陈献章从祀孔庙，成为广东地区唯一从祀孔庙的人。

（三）诗书称雄传艺名

陈献章是历史上著名的书法家和诗人，他将“虚静”、“自得”、“自然”的哲学思想融入诗书之道，诗书作品别具一格、自成一派，在我国诗歌和书法史上具有较高的地位。

1. 雅健第一诗载道

陈献章是明代著名诗人，据不完全统计，现存各种体裁诗作近2 000首。其诗有两大特征，一是提出“作诗当雅健第一”，格调清高，雅淡潇洒，不事雕饰而直抒胸臆，有陶渊明、邵康节的风格；二是以诗载道，蕴含哲理，绝无庸俗和懦弱。他的思想大都隐藏在诗里面，用诗来表达抽象的道理，承载着中国诗歌以诗为教、以诗载道的传统。《明史》中留有记载的同是诗人的陈献章的学生张诩谓：“其诗也则功专而入神品，有古人不到者。”

例如，陈献章的五言绝句“断除嗜欲想，永激天机障。身居万物中，心在万物上”，就明白地表述了其心学思想。陈献章家乡新会县的南部为崖门，是南宋最后被元兵所灭之处。成化年间（1465—1487

年），陈献章和陶鲁等曾创建大忠祠（旧址在崖山官冲），为宋末坚持民族气节的文天祥、陆秀夫、张世杰三人立祀，并写了《凭吊崖门》诗：“天王舟楫浮南海，大将旌旗仆北风。世乱英雄终死国，时来胡虏亦成功。身为左衽皆刘豫，志复中原有谢公。人定胜天非一日，西湖云掩鄂王宫。”诗作反映了陈献章的爱国主义情怀以及对先贤英烈的哀思和歌颂。他的《咏江门好》一诗描写了他的日常生活：“二五八日江门圩，既买锄头又买书。田可耕兮书可读，半为农者半为儒。”这首诗被编入“文革”前江门的小学语文，现在仍有一些学校将它作为乡土教材的辅导读物。

2. 雄健之锋出茅龙

陈献章擅长书法绘画，画以墨梅闻名于世，而他的字刚健有力，植骨于欧阳询，又参以米苏之势，雄健的风格成为岭南书家特色，改变了元明以来圆滑、软弱无力的书风，对明代中国书坛产生了深远的影响。他擅长草书，能作古人数家字，最终自成一家。

由于很多人前来求其墨宝，而当时岭南交通不便，经常买不到好的毛笔。于是他想出了一个办法，用江门当地特有的茅草，束成一束，末端打烂，以露出的茅草纤维写字。因其质地较硬，弹性也好，写字的感觉介于硬笔与毛笔之间，用中锋行笔，字迹大都留有“飞白”，转弯之处也是方形，给人以遒劲古拙、刚健豪放的美感。陈献章将自己创制的毛笔称为“茅龙笔”，非一般毛笔所可比拟。他有多首诗作称赞茅龙笔：“赠尔茅根三百丈，等闲调性到千张”；“束茅十丈扫罗浮，高榜飞云海若愁。何处约君同洗砚，月残霜冷铁桥秋。”清初屈大均高度赞赏过茅龙笔，简朝亮也称“苍茫三百十年间，风雨茅龙出海山”。

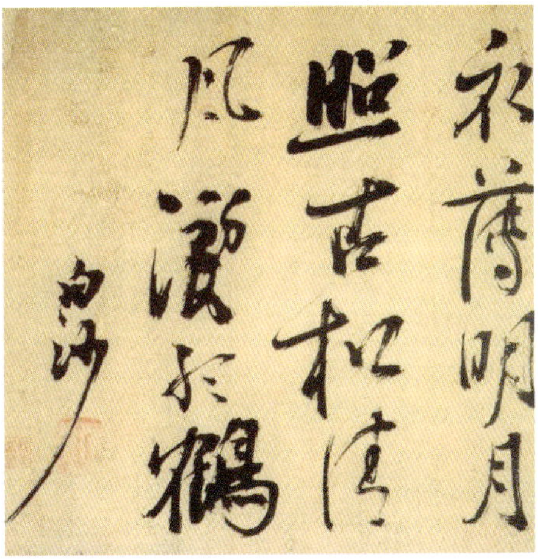

图 32　陈献章《自书诗卷》手迹

现在，当地政府领导常用这种笔作为礼品赠送给客人。这种笔在陈白沙纪念馆里作为礼品出售，很受游人欢迎。

如今，陈献章的牌位仍在孔庙中，与王阳明的牌位并排摆放在一起。陈献章的墓园位于江门市杜阮镇皂帽山，牌坊上有湛若水书“千秋仰止”四个大字，墓园现为江门市文物保护单位。1574年（万历二年），张居正在当权伊始后就以朝廷名义下诏在陈献章的家乡（今江门市郊区白沙村仁贤里）修建“白沙祠”，并赐联曰：“道传孔孟三千载，学绍程朱第一支。”白沙祠中现竖有陈献章铜像。祠中还有一座明朝万历皇帝为嘉奖陈献章母亲林氏的“贞节坊”，牌坊上方有“圣旨”匾额和御赐“贞节”题匾。而春阳台的堂内大门上，还高挂着“圣代真儒”四个大字。因陈献章曾在广州今北京路一带暂居，后人把他居住的街取名为“白沙居”，在西湖路口对面，可以看到“白沙居”门牌。现在的白沙巷是一个普通的居民生活区，陈献章的故居已经无从查考，只有广州市民在这里生活得悠然自得。

九、湛若水

——与王阳明并立而不同的心学家

有明一代，先贤辈出。在思想界，人们通常说明代是心学的天下，而心学的代表人物则首推王阳明。殊不知，这种认识并不全面。从整个思想界来说，明代并非是心学一统江山，而是理学、心学和气学三足鼎立（张岱年《中国唯物论史》）。在心学内部，也不是王学独步天下，至少还有陈献章、湛若水等心学家，前者开明代心学之端绪，后者与王阳明比肩而立（戢斗勇《心学并非只有陆王一派》）。而陈、湛都是广府先贤，以他们为代表，明代的广府文化、岭南文化一度走到中国文化的前台亮相，岭南文化从整体上与中原文化已无本质的差距。前文介绍了陈献章的生平、思想和贡献之后，再来认识与王阳明并立而不同的心学家湛若水。

湛若水（1466—1560 年），字元明，号甘泉。初名露，字民泽，避祖讳，改名雨，40 岁后定今名。广东增城（今属广州市）人。明代哲学家，心学代表人物之一。因家居增城之甘泉都，学者称之为甘泉先生。明孝宗弘治间进士，选庶吉士擢编修。后历任南京祭酒、礼部侍郎和礼、吏、兵三部尚书职务，还曾奉使往安南国（今越南、广西一带）册封安南王。他年轻时师事陈献章，为江门学派重要传人。后与王阳明同时讲学，两人“一见定交，共以倡明圣学为事”。但

图 33　湛若水雕像

后来因学术观点有分歧而各立门户，相互驳难。王学的主旨为“致良知”，而湛学的主旨为“随处体认天理”，王阳明承认自己的志向和所学都颇受益于湛若水（《别湛甘泉序》）。王湛两家的门人都有相互交叉“递相出入”者，如王阳明的几个主要弟子邹守益、欧阳德等都曾拜湛若水为师。

（一）拜白沙承续江门学脉

湛若水的祖先曾经是显赫一时的官宦人家，但家世寥落，父亲湛瑛早丧，他由母亲陈氏抚养成长，家里比较清贫。增城旧《县志》记载他“生有异状，额中双髁隆起，耳旁黑子左七右六，类二斗”。但他在年幼时并不像其他许多名人那样聪明伶俐，反倒是因贫困显得有些“凝然若愚”。因此，他 14 岁才入学，16 岁往广州府庠就读。弘治五年（1492 年），27 岁的湛若水中举人。

1. 继承白沙心学的衣钵

弘治七年（1494 年），29 岁的湛若水往学江门，拜师于大名鼎鼎的陈献章门下。

经过几年的潜心学习，湛若水学业大进。他初步形成了自己的学术观点，得到老师的赞赏。弘治十一年三月（1498 年），陈献章在信中赞其学术成就：“来书甚好，日用间随处体认天理，著此一鞭，何患不到古人佳处也。”（《遗言湛民泽》）

弘治十二年（1499 年），风烛残年的陈献章自感时日无多，遂将“江门钓台”作为衣钵传给湛若水执掌，他在《赠江门钓台诗》跋中说道：“达摩西来，传衣为信。江门钓台，病夫之衣钵也！今与民泽收管，将有无穷之祝。珍重！珍重！”

又过了一年，陈献章去世后，湛若水为师服丧三年。后来他又在自己的老家新塘江畔建了一座钓台，纪念陈献章，并作为讲学、憩息之所。晚年他在多处开办书院，每间书院都将老师的画像供奉在大堂中央。

2. 传续白沙学并有所修正

湛若水虽然对老师恭敬有加，但正如人们常说的“吾爱吾师，吾更爱真理”，他并不盲从，而是有所修正，有所创新，有所发展。而这正是对陈献章贵疑、自得之学精神的承续和弘扬。

例如，湛若水对于白沙学的核心理念主静说，是持辩证分析的态度，认为只有在恰当的时候，针对特定的人才能采用此法，提出“故善学者，必另动静一于敬”（《答于督学》）的观点。如果一味地强调静坐，那就会流于禅学之弊，而“近禅”正是当时其他学者对白沙学的批评，湛若水对这种意见有所吸纳。对于陈献章将内心涵养与读书博识绝对地割裂开来的观点，湛若水也持保留态度。

湛若水本意不乐仕进，赴江门师事陈献章时，就曾毅然焚掉“路引”（赴考证件）以绝功名。母亲和广州府佥事徐弦再三规劝他“壮年居家，非事君之道”，于是，他于弘治十七年（1504 年）北上考试，受国子监祭酒章懋赏识，留读于南京国子监。弘治十八年（1505 年）上北京会考，文章受主考官张元桢、杨廷和赞赏，抚其卷曰：“非白沙之徒不能为此。”于是，他被置第二，赐进士，选翰林院庶吉士，授翰林院编修，从此步入仕途。

（二）创湛学标新明代心学

湛若水在翰林院任职时期，结交了一班文人挚友，其中最重要的是比他年轻 6 岁的王阳明。当时已经声名鹊起的心学家王阳明正在吏部讲学，两个人在京城一见如故，彼此敬重。王阳明说：“吾求友于天下，三十年来，未见此人。”湛若水则说：“某平生与阳明公同志，他年当与同作一传矣。”（《答王汝中兵曹》）两人的友谊一直持续了二十几年。湛若水的母亲去世，还请王阳明书写了《湛贤母之墓》碑，可见两人友情之笃。

王、湛两人虽然感情深厚，却在学术上各有主张，当时并称为“王湛之学”。但今天人们一提起“王学”，就知道指的是王阳明的心学，而“湛学”却几乎无人知晓，它与王学并立的地位已经被淹没在岁月的尘埃之中。今天，我们亟须为“湛学”正名，让湛若水的学说与王阳明的学说一样散发历史的光芒。

1. 湛学的主要观点

作为文官，湛若水有许多经世治国的政治思想，他曾提出“天下民庶实为邦本”、“以孝道事母，以忠恕之道事君”等观点。但作为心学家，最有特色和最有价值的是他的心学。

（1）本体论。湛学之所以是心学，首先从其本体论进行辨认。他认为“天地间只是一个性，气即性也，性即理也，更无三者相对”（《新论》）。同时认为“性也者，心之生理也。心性非二也”（《心性图说》），“心也，性也，天也，一体而无二者也”（《天泉书堂讲章》）。湛若水并不是简单地从生理、知觉来看待心，而是把心提升到伦理的本体，认为“夫心非独知觉而已也”，只有能够体认“天理”的才是心（《与吉安二守潘黄门》）。更有甚者，他把“心”提高为宇宙的本源，说：“心也者，包乎天地万物之外而贯乎天地万物之中者也，中外非二也。天地无内外，心亦无内外，极言之耳矣。故谓内为本心，而外天地万事以为心者，小之为心也甚矣。”（《心性图说》）因此，心和天理是一个东西，“天理只是心之生理”，“心与天理何尝有二”（《正心》），这就完全地走向了心学。

（2）方法论。湛学之所以是与王学相区别的心学，主要在于他的方法论。湛若水与其他学者一样，也认为成圣的方法应当是“体认天理”，但怎么才能体认天理呢？湛若水说：“吾所谓天理者，体认于心，即心学也”（《新泉问辩录》），“何谓心学？万事万物莫非心也”（《泗州西学讲章》）。但心不是那个胸腔里的心，而是与万物一体的心，是与理、性、气合一的心。因此，其结论必然是“随处体认天理”（《问疑续录》），这成为湛学的宗旨。而所谓“随处”，乃是随心、随意、随身、随国、随天下（《答阳明王都宪论格物》）。王阳明以“致良知”为宗旨，批评湛学“随处体认天理”为“求之于外”，而湛若水自称“阳明与吾言心不同，阳明所谓心，指方寸而言，吾之谓心者，体万物而不遗产也”（《明史·湛若水传》）。还说：“吾之所谓心者、体万物而不遗者也，故无内外；阳明之所谓心者，指腔子里而为言者也，故以吾之说为外。”（《答扬少默》）这就是湛学与王学的最根本的不同。

2. 湛学与甘泉学派

湛若水久任高官，天下士子争入其门，门徒达 4 000 多人。许多人崇奉湛学，人们将以湛学为立门宗旨的学者称为“甘泉学派”。黄宗羲撰写的《明儒学案》，卷 77 专列《甘泉学案》，从中可以一览甘泉学派的全貌。

湛氏门人中最为著名的有永丰吕怀、德安何迁、婺源洪垣、归安唐枢等。吕怀，字汝德，南京太仆少卿，强调“变化气质”。何迁，字益之，南京刑部侍郎，学贵“知止”。洪垣，字峻之，温州府知府，主张调停王、湛两家，互救其失。唐枢，刑部主事，因弹劾李福达触怒皇上而被罢北归，其学留心经世之务，主张“求真心”，大约出入于王、湛两家之间而别为一义。由此可见，甘泉学派虽然人物众多，但“皆不尽守师说”（《明史·湛若水传》），恐怕这就是后来湛学之名气不如王学大的重要原因。所以，黄宗羲才评价说：“有明之学，至白沙始入精微。……至阳明而后大。”

图 34　湛若水在西樵山留下的诗刻

甘泉学派后的再传追随者有南海人庞嵩和郭棐、增城人张潮、东莞人钟景星、澄海人唐伯元、德庆人许孚远等。

3. 湛学的历史地位

由于湛学长期被王学的声名所盖，其学术地位和内在价值也被历史的尘埃所湮没而不被人知，更不受重视。我们缅怀先贤，必须了解他的生平贡献，明确他的历史定位，才能学习和继承发展其思想的精华。

（1）传续白沙学，使心学成为明代学术主流。

明代心学是由陈献章开启的，但在陈献章那里，心学只是在理学的黑暗天幕中捅开了一个口子，并未形成潮流。由于湛若水是明代中叶名声显赫的理学名臣，他倡扬其师陈献章的白沙学，使得老师的名声和学术观点传播于天下，扩大了心学的社会影响力，使之成为左右当时思想界逾百年的学术思潮。

（2）启迪王学，为明代心学发展作出重要贡献。

王阳明无疑是明代心学的最为重要的代表人物，但从年龄和思想产生的时间来看，湛比王大 6 岁，而且湛在 32 岁那年便认识到“随处体认天理”的重要。后来，王、湛两人日夕相与论学，名动京师，王阳明承认所学得益于湛若水颇多，像王阳明这样“目空千古”的大儒，能够如此敬重湛若水，虽学术与之有异，却绝无文人相轻，实在是难能可贵，这也说明湛学对王学的确产生了正面的影响。加上两人的门徒多有交叉拜师，湛若水又长寿，比王阳明晚逝世30余年，从某种意义上说，不仅湛学启迪了王学，而且王学的兴盛也有赖于湛学。从学术的流变来判断，湛若水的定位应当是陈献章与王阳明之间的中介。

（3）独创湛学，在明代心学绽放鲜艳奇葩。

湛若水不仅打破了思想界自宋朝以来程朱理学僵化、禁锢的局面，而且发展创立了自成一体的心学思想体系，以湛学及其甘泉学派与王学及其阳明学派并立，使得明代的心学成为百花齐放的大花园，而湛若水与王阳明都是心学的主要代表人物，他们的思想都是明代心学百花园中绽放的奇葩。尤其是湛学提出的“随处体认天理”的要旨，在学术史上别具一格，具有深刻的内涵，对后世也产生了深远的影响。它可被归类于注重“事上磨炼”的实学阵营，从而使得心学比较少地带有禅学的枯静空寂之弊，对此后的实学产生一定的影响。湛若水之学在当时有“广宗”、“广派”之称，以与余姚人王守仁的“姚江学派”相区别。他的思想对于广府文化、岭南文化形成注重实际，关心周边事物的务实品质起到了一定的促进作用。

（4）兴办书院，推动明代教育文化的兴盛。

明代是中国历史上传统教育最为兴旺发达之时，其主要标志是书院的兴盛，其重要意义绝不亚于西方大学的兴起。而湛若水与王阳明一样，是明代书院文化最为有力的推手之一，对书院的兴办和兴盛贡献极大。下面就让我们接着介绍他在这方面的成就。

（三）建书院培育济济人才

湛若水是个学者型的高官，担任的许多职务实际上是学官，一生以兴学养贤为己任，创办书院50多所，培养了近4 000名学生，许多学生成为各个方面的人才。尤其是他讲学书院之多，分布范围之广，在中国教育史上确属罕见。他将毕生奉献给教育，俸禄盈余皆用于购置馆田普纳四方学子，耄耋之年仍讲学不辍，甚至90岁以后的每次讲学，都让人抬着自己的棺材，完全是“鞠躬尽瘁，死而后已”。先贤的这种精神，永远是后辈学习的榜样。而他的治学思想和方法，至今仍为国内外学者所重视、研究。

1. 湛若水兴办的书院

湛若水建书院是从广东开始的。正德十年（1515 年），其母陈氏卒于京师，湛若水扶柩南回，葬其母于增城荷塘山。湛若水从丁忧起，一直滞留在广东七年，先后创办增城的明诚书院和西樵的好几所书院。屈大均的《广东新语》专门记载了明诚书院“堂上有《心性图》及文简所书《心性图说》，右隅有王文成所书五言古诗”，并因“甘泉书院遍天下，此其发祥之地。故尤重云”。湛若水 75 岁时获准退休，此后 20 多年长期居住在广东。他在广东创办的知名书院分布在广州的白云、天关、小禺、上塘，增城的龙潭、独冈、莲洞，西樵的云谷、大科、天阶，罗浮的朱明、青霞、天华，曲江的帽峰，英德的清溪、灵泉等地。他在广州天关（今法政路湛家巷一带）购地数十亩建“湛家园”（鸦片战争时期被毁），并在园的南面建天关精舍书院，由他亲自执教。之后，湛家园亦成为湛氏族人聚居地。湛若水办书院时有 77 岁的吴藤川来学，三年后又有 82 岁的黎养真、81 岁的黄慎斋来学，湛皆以贵宾之礼待之，并以此为题写了一首《三皓》诗：“养真慎斋与藤川，三皓同时及我门。八十头颅事事真，老来赤子心还存。”三个八旬老翁，并称“天关三皓”，后又有 102 岁的老汉慕名来执弟子礼，成为中国教育史上的美谈。湛若水还曾委托广东按察使吴允祥，以广州粤秀山崇拜寺旧址创建白沙书院，让陈献章之孙陈畲主持书院。湛退休后讲学中心在南海西樵的云谷书院、大科书院。大科书院得湛若水亲订《大科训规》、《大科书堂训》，名声大振，几与岳麓书院、白鹿书院齐名。

湛若水一生热心捐款赞助书院，得其“馆谷”的书院竟达 28 所，从他的家乡增城到广州、南海、扬州、池州、徽州、武夷，遍布半个中国。而湛若水以及他的弟子兴建的书院，再加上他讲学游历的书院，可说是遍布大江南北，如南岳的白沙书院、金陵的新泉书院、扬州的甘泉行窝、九华的甘泉书院、徽州的斗山精舍、休宁的天泉书院、婺源的福山精舍等。

湛若水每建书院，都宣扬江门心学，或雕塑或摆放先师陈献章的遗像。他在描写书院的诗词中，也不忘纪念先师。如他的《题席光

亭》诗，其序曰：“先师白沙先生慕凤凰之胜，寄题诗有‘借我一席光’之句，水得凤凰西坡建明诚书院，为亭其上，以奠先生神位，盖取诗语名曰席光云。”诗曰：“吾师一席光，从谁借于是？一声凤凰鸣，五色映天地；此光师自光，何预他人事？自性得自天，无借亦无匮；不离一席间，天地万物备。”

2. 湛若水的教育思想

湛若水是中国古代杰出的教育大家，既有教育实践，又有十分丰富的教育思想，主要反映在《大科训规》和《湛甘泉先生文集》所收的《莲洞书院讲章》、《会华书院讲章》、《九华山中华书堂讲章》、《独冈书院讲章》、《天泉书堂讲章》、《福山书堂讲章》、《斗山书堂讲章》、《天华精舍讲章》、《樵语》、《新泉问辩录》、《天关语录》等篇章中。尤其是湛若水于1518年在西樵创办大科书院所订立的《大科训规》（含《叙规》、《规划图》、《大科堂训》）共计109条，洋洋洒洒近万言。概括起来，湛若水的教育思想主要有以下几个方面：

（1）问学传道是教育的目的。

湛若水在《大科训规》中明确规定，书院乃学问之地，非问学道义之士不接。这个原则规定了教育的目的不是科举，办学不仅从出资方面与官学不同，教育目的方面也与官学各异。他的《二业合一训》为了处理好书院与官学的关系，规定：“朝廷立有太学及府州县学，所以教养人才甚密。本山院不过初为退居求志之地。”湛若水书院教育的目的是问学传道，传的是陈献章的江门心学，传的是甘泉学派。他要求诸生“学心而已焉者”，拜陈献章像，正如《明儒学案》卷37称：“平生足迹所至，必建书院以祀白沙，从游者殆遍天下。”于是被政敌游居敬等疏斥为异端邪说，嘉靖皇帝甚至采纳了游居敬之疏，罢除天下书院。

（2）礼仪道德是教育的核心。

湛若水所传心学的核心是礼仪道德，他要求士子求学要有诚敬的心态，先在僧寺斋戒三日，然后才允许听讲。他说：“心得职则敬，敬为义；心失职则肆，肆为利。义利之判也间焉者也。”他非常重视礼仪、礼节的训练。“卜西樵为讲舍，先令司礼，然后听讲。”并要求初学者在言语动静上下工夫，“步趋要从容，言语要和缓，步步言言，要与心相应，一一使由中出”。他还结合实际研讨礼仪道德，如在国子监开讲院与诸生论学，讨论的就是针对南京奢靡的俗尚，如何制定颁行丧葬之制。

（3）规章制度是秩序的保证。

湛若水要求凡士子求学，须守训规，他规定的教学内容、方法都十分严格。他继承了陈献章的静坐法门，但有所不同，只是开讲前要学生静坐片刻，聚精会神，再开始授课。他对学生的学习严格督导和检查，每次会讲的时候，湛若水都会仔细询问学生学习的情况，一旦有“因循、逐行及失望不至者”，都严加督责和告诫。大科书院还规定每月的二十六为考察日。在《大科训规》中，甚至还有对教育管理的体制问题的阐述。

（4）讲授与自修是教育的方法。

湛若水在长期的书院讲学中，形成了一整套讲授与自修相结合而以自修为主的教学方法。他每月在朔望之日讲授一次，“朔望登当，先生讲书一章或二章”。讲完之后，学生轮流再讲一遍，以考察其理解发挥的能力，并锻炼口头表达能力。由于求学的人数陡增，往往不能面得湛若水之教，只好采用弟子之间辗转相授的形式进行互教互学。自修则以日为单元，分五个步骤循序进行：“每日鸡鸣而起，以寅卯辰三时诵书，以巳午时看书，以未时作文，申酉二时默坐思索，戌亥二时温书。”考试采取命题作文的形式，老师对试卷只批点可否，要求学生自己去分析批点，并自行改正。

1560 年，湛若水于广州禺山书院（今儿童公园东侧）辞世，享年 95 岁。直到逝世前他仍讲学不辍。明世宗追赠太子少保，赐谥文简，墓葬于家乡增城新塘镇陂头村天蚕山麓。家乡人民十分尊敬先贤，不仅在湛氏的“尚书府第”开办中学，而且将新塘中学取名“菊泉”中学，校园里竖立着崔与之和湛若水的塑像。湛若水的事迹也一直被

图 35　湛若水墓

乡亲们口耳相传，特别是湛若水将以前的沙贝改建成新塘村镇，以及从福建仙游引入荔枝良种，培育出“增城挂绿”等为家乡人民造福的传说，给人们留下了遐想的空间，来追忆这位了不起的先辈。可惜的是，广东境内湛若水创办的书院大都已难觅踪迹。在西樵山，当年湛若水最早在这里创办的云谷书院已荡然无存，只剩云谷村的门楼残墙。在大科书院旧址也只能看见当年学子饮用过的烟霞井，还有两段书院的残柱被丢弃在杂草丛中。

十、屈大均

——爱国爱乡的岭南本土文化守护者

屈大均（1630—1696 年），广东番禺（今属广州市）人。明末清初著名学者、诗人。字绍龙，又有翁山、骚余、介子、泠君、华夫、莱圃等多个字号。为僧时法名今种，字一灵，名所居为死庵。室名有道援堂、九歌草堂、怀沙亭、文选楼等。其诗有李白、屈原的遗风，与陈恭尹、梁佩兰并称为“岭南三大家”。他对岭南文化的保留和整理有杰出的贡献，有“广东徐霞客”的美称，被誉为广东大百科全书式的学者。著有《翁山诗外》、《翁山文外》、《翁山易外》、《广东新语》及《四朝成仁录》，合称“屈沱五书”。他作为明末清初遗民，一生布衣，死后遭受乾隆“文字狱”，著作多禁毁于雍正、乾隆两朝。

图 36　屈大均画像

（一）反清复明的爱国志士

1630 年，屈大均出生于番禺沙亭（今广州市番禺区新造镇思贤村）。其父屈宜遇，字原楚，号澹足，入赘邵家，儿时的屈大均随父亲居住在南海县西场（即今之广州市荔湾区西场），初名邵龙（隆），号非池。10 岁时随父亲归原籍，恢复屈姓，更名大均。

1. 少年有志于学

幼年的屈大均被父亲管得很严。其父是个自学成才的乡间医生，

家贫却嗜好购书看书，尝言家贫可以无田，却不可以无书，希望以书传家，告诫儿子只要在书中勤于耕耘，必定会有收获。在父亲的教导下，屈大均自幼好学，胸怀大志，14 岁能文，15 岁能诗，是当地小有名气的青年才俊。1644 年，年仅 15 岁的屈大均因善诗文，与里人结“西园诗社”。

同县的举人曾起莘推荐屈大均就学于当时在越秀山下锦岩冈设馆讲学的顺德人陈邦彦名下。陈邦彦也是岭南文化史上一位著名人物，以文行见重于时，为人刚直重气节，所教授的是经世致用之学，在他门下的学徒累计有数千人。陈邦彦的人品学问对屈大均有深刻的影响。此外，屈大均还经常和陈邦彦之子、后来也成为“岭南三大家”之一的陈恭尹互相切磋学问。在越秀山下求学的经历，成为他人生中一个重要的转折。屈大均曾赋诗记述了当年读书的情形和自己的远大抱负：“忆昔从师粤秀峰，授书不与经师同。捭阖阴谋传鬼谷，支离绝技学屠龙。”1645 年，16 岁的屈大均补南海县学生员。

2. 投身反清复明

正当这位县学生员沉浸在入选生员、“功成名就”的幸福之中，前途呈现一片光明前景时，清军入关并于 1646 年攻陷广州。屈大均的父亲告诫儿子不能在满清做官，“仕则无义”，而应当“洁其身”、“存大伦”。

1647 年，陈邦彦举旗抗清，18 岁的屈大均参加其师以及陈子壮、张家玉等的反清斗争，独领一队围攻广州，打仗勇敢，冲锋在前。但终因力量过于悬殊，各路义军攻城不克，陈邦彦兵败殉国，被清兵曝尸荒野。屈大均痛失良师，冒着生命危险，到战场上收拾先师遗骸，并为之作传，收入《皇明四朝成仁录》中。

1649 年，经大学士王化澄推荐，屈大均觐见逃至肇庆的南明永历帝，呈《中兴六大典书》，被授以中秘书之职。或许是命该终身布衣，正当他准备任职之际，父亲病故，只得匆匆辞归，为父守孝。年底，清兵大致平定广东全境，屈大均从此没有机会再仕明廷了。

1650 年，21 岁的屈大均在番禺雷峰海云寺拜释函昰（曾起莘）为师，削发为僧。取永历铜钱一枚以黄丝佩在身上，表明誓不臣服清廷的决心。1652 年，为联络各地反清志士，以僧人化缘为掩护，四处活动，开始远游庐山、会稽、南京、北京、榆关和辽东、辽西等地，曾在南京谒明孝陵，在北京寻崇祯帝死所哭拜，在辽东凭吊袁崇焕督师故垒，赋《出塞》及《塞上曲》。后归广东，住广州海幢寺。1659年，在会稽与抗清义士魏畊图谋联络郑成功商匡复大计，促其举兵攻入长江，克江南州府。1660年秋，屈大均访南京，参加祁氏兄弟的抗清活动。次年，魏畊被杀，屈大均避居桐庐。1662年回到广东，还俗归儒。为了避免除辫之辱，屈大均始终保持光头，如今思贤村八泉亭中，还留有他的一幅“不毛之首”的像碑。在广州西郊草堂，他曾约陈恭尹等人共商再次举义之事，因形势日见严峻，避难入粤西，于1665年再度出岭北游，到了陕西。1666年，他又与顾炎武等人交往。康熙七年（1668年）归番禺故里。1673年，他曾到湖南投奔过起兵反清的吴三桂，后悉吴三桂并不是真正反清复明，而是阴图称帝，于是托病归家，隐居番禺沙亭。1677年，他携妻儿逃入江西翠微山，后又到南京，1682年回番禺。康熙二十二年（1683年），郑成功的孙子郑克塽降清，屈大均大失所望，反清复明的希望彻底破灭。他的许多文友后来相继为清廷所用，欲举荐屈大均，但他坚决不从，终其一生不仕于清，从此也不复远游。

3. 专心从事著述

晚年的屈大均在家乡建祖香园，祖香园中有“骚圣堂”，堂中设屈原木主，又挂三闾大夫像。他抚育成人的八个子女，均以“明”字命名，如明洪、明治等，他也只能用这种方式来表达自己的遗民之忠了。

他闭门著述，成果颇丰。其著述洋洋洒洒几十种，但大多在雍正和乾隆两朝遭禁毁，不过至今仍有350多万字存世。人民文学出版社1996年出版了8卷本《屈大均全集》。

屈大均的著作之所以遭到清廷禁毁，是因为他的作品大多为反清复明的所谓悖逆之作，其中最典型的是《皇明四朝成仁录》。这部书记载了崇祯、弘光、隆武、永历四朝死节之士的事迹，屈大均不怕杀身之祸，怀着强烈的民族情绪，反对清廷的残暴罪行，热情歌颂了在抗击清兵南下时死难的将士和百姓。他仿效孔子作《春秋》，记载了数百人的传记，留下一代信史，目的是要让后人知道明清王朝更替时期的刀光剑影、屠杀与反抗的历史真实面目。因此，这部悖逆之作在雍正、乾隆年间两次被禁毁，仅有抄本流传于世。该书不仅反映了屈大均的爱国主义精神和民族精神，也反映了屈大均的遗民意识，是今天研究屈大均思想和南明史所必备的珍贵资料。

清廷对屈大均的文字狱迫害是他去世以后才发生的。不仅他的著作被查禁，还要刨戮坟茔尸骨，虽因各种原因未能找到他的坟墓，但他的两个孙子竟被清廷斩首！然而，屈大均的爱国志士形象是难以泯灭的，正如龚自珍《夜读〈番禺集〉书其尾》诗写的那样：“奇士不可杀，杀之成天神。奇文不可读，读之伤天民。”

（二）撰著不朽的《广东新语》

屈大均晚年最重要的著作是成书于清康熙中期的《广东新语》，大致在康熙十九年至康熙二十六年之间。该书28卷，约40万字，集各史志之所长，通过实地考察，博采见闻，掌握大量第一手材料，证以历史文献，翔实地记录了广东的天文地理、经济风物、人物风俗，是清代著名的笔记史料之一，融知识性、学术性、资料性于一体，具有极高的史料价值和学术价值，足以弥补广东通志之不足。挚友潘耒为《广东新语》作序，谓“游览者可以观土风，仕宦者可以知民隐，作史者可以征故实，摛词者可以资华润”。该书成为传世之作，历来享有极高评价，一直是当代各行各业研究广东地区明清之际经济史、思想史和文化史的重要文献，学者誉之为“广东大百科”。

图37　屈大均的《广东新语》

爱国与爱乡是一个统一体，屈大均对家乡的热爱，是其爱国主义精神和民族精神的重要体现。他在广府地区生活，在岭南文化的熏陶中成长，又身处清朝取代明朝的改朝换代的动荡年代，作为一介书生，只能致力于家乡文献、方物、掌故的搜罗编纂，方能表达其爱国爱乡之心。在屈大均的学术生涯中，他参与了《岭南诗记》、《岭南倡和集》、《东莞诗集》等诗文集的编辑，并为之作序。他花了几年时间，在广州城南的珠江义学西楼上编纂40卷的《广东文选》，继而增至8

册为《广东文集》，收入汉至明代粤籍学者文集。俚人出于对他的尊敬，将西楼称作“文选楼”。可惜的是，《广东文集》已佚，只知屈大均在文集的《自序》中写道：“嗟呼，广东者，吾之乡也。不能述吾之乡，不可以述天下。……吾所以为父母之邦尽心者，惟此一书。”他在《广东新语》的序里明确地说该书的编撰不仅是补明代的戴璟、黄佐、郭棐修撰的《广东通志》之不足，也是补东汉杨孚《南裔异物志》、晋人王范《交广春秋》之阙，可见他是继这些家乡先贤之志。尤其是他爱国爱乡的精神，也是直接承继家乡先贤。他65岁时曾给儿子留下遗嘱：“吾死后，以幅巾、深衣、大带为殓。大带书碣‘明之遗民’。墓亭书‘孝子仁人求我友，罗威唐颂是我师’。”罗威、唐颂都是番禺先贤，可见广府文化、岭南文化对他的影响是何等的深刻。当然，他在序中还说写作该书的缘由是“尝游于西方”，他30多岁时曾游澳门，那里是西方文化进入中国的重要门户之一，接受西方文化比内地更早，他在这部书中有专门写澳门的章节，在其他著作中还有许多歌颂澳门的诗作。正是这些广府文化、岭南文化的因素，促进了屈大均文化自觉的形成，在动乱的年代守护着家乡文化的疆土，文化的血脉也正是有赖于前辈先贤的护佑才得以源远流长。

1. 对岭南风物的记载

《广东新语》是一部方物志，范围非常广泛，涉及地理、矿藏、草木、文化、民族、习俗，几乎无所不包。概而言之，它分为自然条件和人文风习两个方面。

（1）自然条件。

广东的自然环境无疑与北方不同，第一卷《天语》就记载了广东的气候，“广州风候，大抵三冬多暖，至春初乃有数日极寒，冬间寒不过二三日复暖。暖者岭南之常，寒乃其变，所以者阳气常舒，南风常盛。火不结于地下而无冰，水不凝于空中而无雪，无冰无雪故暖”（《风候》），“粤无冰，其民罕知有南风合冰、东风解冻之说”（《冰》）。

在《木语》中，记述了多种广东名花珍果，并多有新解。例如：“梅祖大庾而宗罗浮，……若荔枝则以增城为贵。”“荔枝以增城沙贝所产为最，土黄润多沙，潮味不到，故荔枝绝美。”还记载两广栽培很多称为“尚书怀”品种的荔枝，是由“湛文简公昔从枫亭怀核以归”，而“其状元红等，贱如菽粟，岁收数千万斛”。甘蔗在广东的种植十分普遍，“蔗之珍者曰雪蔗，大径二寸，长丈，质甚脆，必持以木，否则摧折”（《蔗》）。

（2）人文风习。

《广东新语》记载的岭南风习十分丰富，涵盖面广，都是具有广东特色的地方民俗习惯，通篇都是珍贵的资料。

广东多为水乡，龙舟竞渡是传统的群众体育娱乐项目。2010 年底在广州举办的亚运会，就是由顺德龙江农民龙舟队代表国家出赛。《广东新语》记载了那时广东的龙舟制造业就很发达，龙舟竞赛是十分普及的民俗活动。书中记载：“东莞有彭峡，……峡东皆沮泽。五月时，洪流傍滚，放于百里。乡人为龙舟于介，观者画船云合，首尾相衔；士女如山，乘潮下上，日已暮而未散。龙舟长十余丈，高七八尺，龙髯去水二尺，额与项坐六、七人。中有锦亭。旗者、盖者、钲鼓者、挥挠击泄者，不下七、八、十人。竞渡则惊涛涌起，雷雨交驰；舟去而水痕久不能合……广中龙船，惟东莞最盛，自五月朔至晦，乡乡有之。”“顺德龙江，岁五六月斗龙船。斗之日，以江身之不大不小、其水直而不湾环者为龙船场。……斗得全胜还埠，则广召亲朋宴饮，其埠必年丰人乐、贸易以饶云。”

“赌蔗斗柑”是清代广东地方独特的民间娱乐，屈大均对广东这种独特的民间游戏作了记载：“广州儿童，有赌蔗斗柑之戏。蔗以刀自尾至首破之。不偏一黍，又一破直至蔗首者为胜。柑以核多为胜，有咏者云：赌蔗斗柑独擅场。”（《赌蔗斗柑》）

人称“吃在广州”，广州小吃与点心同源，历史悠久，屈大均的《广东新语》中记有多种民间美食，如粉果、沙翁、粽子、薄脆等，这些美食的做法流传至今。

做姜酒和送姜酒是岭南礼俗，屈大均在《草语》中为我们作了记载：“粤俗，凡妇娠，先以老醋煮姜，或以蔗糖芝麻煮，以坛贮之。既产，则以姜醋荐祖饷亲戚，妇女之外家亦或以姜酒来助，名曰姜酒之会，故问人生子，辄曰姜酒香未?”（《姜》）

《广东新语》还记载了潮州戏：“潮人以土音唱南北曲者，曰‘潮州戏’。潮音似闽，多有声而无字。有一字而演为二三字。其歌轻婉，闽、广相半。其中有无其字而独用声口相授。曹好之以为新调者，亦曰‘峯歌’（峯，读如赊，畲族的古称）。农者以春时，妇子以数十计，往田插秧，一老挝大鼓，鼓声一通，群歌竞作，弥日不绝，是曰‘秧歌’。”

2. 对岭南历史的整理

《广东新语》虽然是方物志，其中也包含有丰富的岭南历史资料。例如，卷九《事语》记载了“南越初起”、“四路下南越”、“两伏波楼船”多节，还有其他卷的“尉佗书”、“越”、“楚庭”、“四台”等，记述了秦汉时期的南越国历史。在《地语》卷中记载“珠玑巷”：“吾广故家望族，其先多从南雄珠玑巷而来。盖祥符有珠玑巷，宋南渡时诸朝臣从驾入岭，至止南雄，不忘枌榆所自，亦号其地为珠玑巷。如汉之新丰，以志故乡之思也。”有些至今已经无存的史迹，也被保留在书中，如“白云山”篇记载了广州最早的“羊城八景”之一“菊湖云影”和开凿菊湖的情景，而菊湖从宋代起已经消失了数百年。在《文语》中，屈大均还指出广东自阳春至高雷廉琼等地一些地名的含义不能照通常的汉语来解释，这对于我们研究岭南的少数民族及其历史有极大的启示，据后人研究发现这些汉语难以解释的地名属壮语地名。《广东新语》还有许多物产史的资料，如《木语》中认为：“荔字从艹从刀，不从力。音离，割也。……本草谓荔枝木坚，子熟时须刀割乃下。今琼州人当荔枝熟，率以刀连枝斫取，使明岁嫩枝复生，其实益美。故汉时皆以为离枝。”这说明海南百姓采荔枝的方法，是荔枝名称的由来，同时可以推想当地是最古老的荔枝原产地之一。

3. 对岭南社会的描述

《广东新语》中贯穿了广府文化、岭南文化的务实精神，不尚空谈，讲求实用，尤重国计民生，特别是他身处商品经济发展和中外文化交流前沿的广东地区，使得书中的大部分篇幅都与社会实际相关，反映了广府和岭南的社会风貌。

（1）本地市场史料。

例如，书中记载了广东四大商品集散地：“东粤有四市：一曰药市，在罗浮冲虚观左，亦曰洞天药市。……一曰香市，在东莞之寮步，凡莞香生熟诸品皆聚焉。……一曰花市，在广州七门，所卖止素馨，无别花，亦犹洛阳但称牡丹曰花也。一曰珠市。在廉州城西卖鱼桥畔，盛平时，蚌壳堆积，有如玉阜。”该书甚至还提醒人们在河畔的市场

以及当时佛山、澳门的市场，应提防坑害顾客的奸商。(《四市》)

(2) 对外贸易史料。

书中除了介绍澳门等地已经开始了对外贸易外，还记载当时的外贸“偏于山海之间，或坐或行，近而广之十郡，远而东西二洋”(《贪吏》)。在《货语》等篇中记载：“以通商故，闽粤人多贾吕宋（菲律宾）银至广州。揽头者就舶取之，分散于百工肆，百工各为服食器物赏其值。”这就将舶主海商出钱、揽主为行商中介，派单给“百工”生产商品，然后再由揽主向海商交货的一整套外贸程序都叙述完整了。

(3) 科技工艺史料。

在食语、器语、货语、舟语、木语等许多篇章中记载了当时大量的农业生产技术以及农产品加工技术、动植物稀有品种、广东特有的工艺和器具等。加上天文、地理等各方面的内容，从一定意义上说，这部书实际上也是一部广东科技史的百科全书。如甘蔗是广东特产之一，作者在《蔗》篇中记载种蔗的技术为：“凡蔗，以岁二月必斜其根种之，根斜而后蔗多蔗出，根旧者以土培壅，新者以水久浸之。俟出萌芽乃种，种至一月，粪以麻油之麸。已成干，则日夕揩拭其兹，剥其蔓荚，而蔗乃畅茂。”榨糖方法为：“冬至而榨，榨至清明而毕。其蔗无宿根，悉是当年，故美。榨时，上农一人一寮，中农五之，下农八之十之。以荔支木为两辘，辘辘相比若磨然，长大各三四尺，辘中余一空隙，投蔗其中，驾以三牛之牯，辘旋转则蔗汁洋溢。辘在盘上，汁流槽中，然后煮炼成饴。其浊而黑者曰黑片糖，清而黄者曰黄片糖。一清者曰赤沙糖，双清者曰白沙糖，次清而近黑者曰瀵尾。最白者以日曝之，细若粉雪，售于东西二洋，曰洋糖。次白者售于天下，其凝结成大块者，坚而莹，黄白相间，曰冰糖，亦曰糖霜。”作者还反映了当时制糖业利润丰厚，已经形成有较大规模的产业：“糖上利甚溥，粤人开糖房者多以致富，盖番禺、东莞、增城糖居十之四，阳春糖居十之六，而蔗田几与禾田等矣。”

(4) 官场政治资料。

耐人寻味的是，《广东新语》还专列有《贪吏》篇，这些贪官以权谋私，贪污受贿，残害百姓。尤其是官商勾结是广东政界的传统特征，屈大均记载：“官与贾固无别也，贾与官亦复无别，无官不贾，且又无贾而不官。民畏官亦复畏贾。畏官者，以其官而贾也；畏贾者，以其贾而官。于是而民死于官之贾者十三；死于贾之官者十之七矣。”屈大均在《四市》篇中揭露“粤东所在，颇多难得之货。士大夫踰大庾而南，罕有不贪婪丧其所守”。他专列《贪吏》篇，就是要“端本澄源”、“明贪墨之刑”，使为官者有所警戒。屈大均借鉴历史的经验教训，提出“国之富藏之于民”，若“藏之于官，复藏于官而贾者”，必定“民日穷而盗贼日炽，其祸不知所底”。《贪吏》篇是广府文化史上一篇意义深远的反贪杰作，对于革除广府文化中以官商勾结为特征的贪官文化遗毒具有重大的现实意义。

值得一提的是，“广东”一词出自明代，正是由于屈大均等人的《广东通史》、《广东文选》和《广东新语》等著作的频繁使用，才成为一个被人们接受和使用的地名。

（三）卓尔不凡的翁山诗书

屈大均以诗闻名，与梁佩兰、陈恭尹并称为明清之际“岭南三大家”，有人甚至称其为“岭南三大家”之首。他的书法也独具风格，尤其是草书在岭南书法史上具有其在岭南文学史上同样的地位。下面我们就来介绍屈大均卓尔不凡的诗书艺术。

1. 翁山诗派开启清代岭南诗风

屈大均之所以能够跻身“岭南三大家”之一，完全在于他的诗词和诗论的成就。早在 15 岁时他就与同乡在广州创建了西园诗社。1657 年清初文坛盟主朱彝尊南游广东，结识了 28 岁的屈大均，把屈大均等岭南诗人的作品介绍给江南诗界，使屈大均“未出梅关名已香”，声名从此远播海内。屈大均生前已刊行《道援堂集》、《翁山诗外》等诗集以及词集《骚屑》，去世后不久又刊行了新编《屈翁山诗集》及《岭南三大家诗选》等。他的诗富于民族意识，关怀人民疾苦，诗风高浑雄肆，秉承屈原风骨，兼有杜李之长，以诗明志，以诗记史，开启了清代岭南诗风，是清代岭南诗坛第一人。

（1）爱国爱乡的气节。

生活于改朝换代之际的屈大均，爱国爱乡的民族气节是其诗词的主旨。有人分析，他是爱国主义诗人屈原的后代，因为他称屈原为“先大夫”，称“屈学”为“家学”，又自取“骚余”名号，著作称《屈沱五书》，在家乡建有“三闾书院”，又设“骚圣堂”，立屈原灵

牌，把屈原作为祖先供奉着。可见，屈大均除了以家乡先贤为榜样，也效法屈氏祖先屈原，这是他将弘扬民族气节始终作为诗文主旋律的渊源。

第一，激昂的爱国之志。屈大均一生跋涉山川，联络志士，冀求恢复中华。“六十六年之中……险阻艰难，备尝其苦”（《生圹自志》），所以发而为诗。他虽为布衣，但爱国之心不已，其《鲁连台》诗曰：“一笑无秦帝，飘然归海东。谁能排大难？不屑计奇功。古庙千秋月，荒台万木风。从来天下士，只在布衣中。”他时刻不忘国耻家仇，在《壬戌清明作》中写道：“故国江山徒梦寐，中华人物又消沉。龙蛇四海归无所，寒食年年怆客心。”他敢于揭露清兵的残酷杀戮，讴歌反清复明的志士，他在《春山草堂》一诗中写道：“慷慨干戈里，文章任杀身。尊周存信史，讨贼作词人。”他批判清朝苛政，同情人民疾苦，爱国之志，溢于言表。

第二，浓郁的爱乡之情。一方面，屈大均用诗词的形式歌颂岭南先贤，留下了诸多作品，如《冼夫人》诗曰：“苦忆英雄娘子军，女中勋业似桓文。南朝事去余犀杖，泪洒炎天万里云。”另一方面，屈大均用诗词的形式记载了大量岭南风物，使风物诗成为其诗词的一大亮点。比如，他咏木棉树：“十丈珊瑚是木棉，花开红比朝霞鲜。天南树树皆烽火，不及攀枝花可怜！”再如，他咏荔枝：“新梳实髻牡丹崧，旧染绫襦荔枝红，金钏换来媚夫婿，一盘都是状元红。”“何来一队绿罗裳，花渡头前弄晚妆，欲结同心无所有，怀中大小总丁香。”“入口甜霜一片消，美人含吐与琼瑶，不愁多食中生热，更有梅花蜜可调。”诗中的状元红、绿罗袍、大小丁香都是荔枝名。他还以《广州竹枝词》的形式描写西关：“洋船争出是官商，十字门开向二洋。五丝八丝广缎好，银钱堆满十三行。”不但地方色彩强烈，还是关于广州十三行的最早文字记录。

（2）简洁高古的诗风。

从艺术上分析，屈大均的诗风简洁高古，开清初一代诗风，人们将其诗派称为“翁山诗派”。

时人及之后的著名诗人对屈大均的诗词均有极高的评价。如被屈大均引为知音的王士祯曾在屈大均不满 30 岁时就称赞其为“一代才”，“唐宋以来诗僧无及者”（《池北偶谈》）。《翁山文外》中张远

“题辞”对屈诗的评价说：“番禺屈翁山先生，志节君子也。五岳四渎无不历，经史百家无不读，贤人高士无不交，抱屈平离忧之志，而怀黍离麦秀之伤，其气浩然充塞于两间，发而为诗，慷慨激昂，汪洋浩瀚，既已见称于当世矣。……不拘于汉唐宋诸家，而理足词达，如风行水上，波澜自生”，并称其诗为“深造之言”，有“刚健之气”。王瑛《岭南三大家诗序》评其诗“如万壑奔涛，一泻千里，放而不息，流而不竭。其中多蛟龙神怪，非若平湖浅水，止有鱼鳖”。毛奇龄《岭南屈翁山诗集序》称：“翁山诗超然独行，当世罕偶。”

翁山诗派不仅词语璀璨瑰丽、简洁高古、笔力遒劲，情感也沉烈恢弘、气魄雄放、意象瑰奇、品格不凡。从内容上分析，其诗作高扬了爱国主义精神和民族精神，充满着热爱家乡、关注社会、体恤民生的情愫，这也正是“翁山诗派”享誉后世的根本原因。

2. 翁山先生的书法

因屈大均的著作在当时屡遭清廷禁毁，他的书法作品传世较少，远比“岭南三大家”的其他两家陈恭尹、梁佩兰要少得多。但这并不妨碍他成为岭南书法史上成就卓著的名家。他擅长草书，兼善行书，自认草书系“二王”（王羲之、王献之）一路。麦华三评价其善用健毫，腕平笔正，运到中锋，有一种独特的清刚之气，又包含狂狷之美的浪漫（麦华三《岭南书法丛谭》）。屈大均其他书体的作品更为罕见，现在广东肇庆的七星岩，刻有屈大均写于康熙二十二年（1683 年）

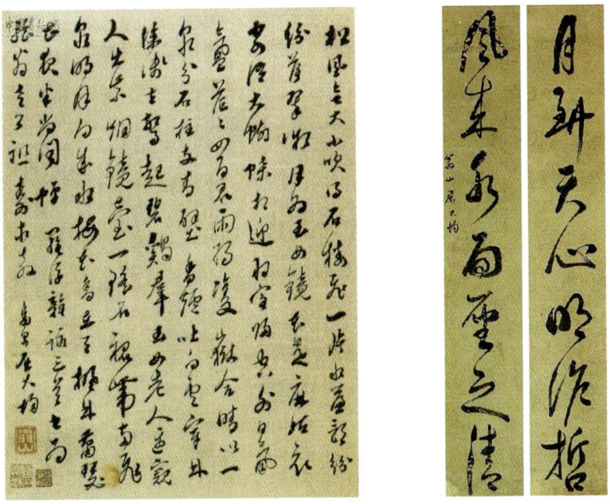

图 38　屈大均书法手迹

的隶书“小千尺山爽”，字形端庄，笔力浑厚，多具汉韵。

先贤已逝，风骨犹存，文昭后代。现在，屈大均的家乡广州市番禺区新造镇思贤村重修了屈大均之墓，为广东省文物保护单位。屈大均的著作从《广东新语》到《屈大均全集》都已出版，屈大均的民族精神被人们传颂和学习。虽然，也有人妄加评论，说屈大均一会儿削发，一会儿还俗；前期反清，晚年又与清朝官吏交往甚密，从而怀疑他的人格和立场。但纵观屈大均的一生，他削发并不是逃禅，而是一个“政治和尚”，以此为串联举义的掩护。后来停止武力反抗，只能说明他是“圣之时者”，并不是投降，因为他作为一个书生，还在用笔作武器，用毕生的心血写下了《皇明四朝成仁录》、《广东新语》这样的不朽巨著，以致死后还遭到严酷的文字狱的迫害。他的人品从总体上评价应当是具有民族的气节、独立的人格和自由的精神。套用一句老话，每个人都不是十全十美的圣人，都会有时代和认识的局限，对于屈大均这样的先贤，我们还有什么理由去苛求他呢？

十一、张维屏

——享誉诗坛的近代爱国主义诗人

“造物无言却有情，每于寒尽觉春生。千红万紫安排着，只待新雷第一声。”这首诗是我国近代著名诗人张维屏的传世之作。他出生和生活于首先遭受西方帝国主义侵略的广东地区，在家乡积极支持过销禁鸦片的爱国运动，目睹了中国人民第一次自发的有规模地反抗列强侵略的广州三元里抗英斗争。当中国历史的车轮刚刚进入近代，他便发出了中国爱国主义诗坛的“春雷第一声”，成为中国近代第一位爱国主义诗人。这也是中国近代史上发出的反抗帝国主义侵略的第一声呐喊，像惊雷响彻中华大地，使张维屏的名字永远镌刻在历史的丰碑上，成为人人敬仰的广府先贤。

张维屏（1780—1859 年），字子树，号南山，又号松心子，晚年也自署珠海老渔、唱霞渔者。广东番禺（今广州市）人，清代官员、著名诗人，“粤东三子”之一。嘉庆九年（1804 年）中举人，道光二年（1822 年）中进士，先后在湖北、江西等地任知县、知府等职，为官清廉，有政绩。终因不耐官场的腐败，于道光十六年（1836 年）辞官归里，隐居于“听松园”，闭户著述。道光十八年（1838 年），被聘为学海堂学长。但其平静的生活被鸦片战争打破，诗人因而奋起，创作了很多爱国主义诗篇，如《三元里》等。其诗作 2 000 余首，有《松心文抄》、《国朝诗人征略》、《听松庐诗话》、《松心诗集》

图 39　张维屏画像

等传世，后人编有十卷本《张南山全集》。张维屏的诗词具有浓厚的时代气息、强烈的爱国情思、深刻的批判精神和直雅的艺术风格。咸丰九年（1859 年），张维屏病逝于广州清水壕，葬于广州城东北银坑岭。

（一）“粤东三子”早成名

在广东番禺（今广州市区中部）有一条清水濠街，张维屏就在这里降生。他在《松心诗集》中的《清濠集》里说他：“乾隆庚子出生在清水濠，嘉庆戊午（1798 年）迁居贤乐里。”他又有《清水濠》诗道：“生长清濠十九年，中间贤里向西边；今朝又卜清濠宅，重话儿时一惘然！”贤乐里附近有一座为纪念南园前后五先生而建的聚贤坊，那是前辈诗人结社的南园旧址，张维屏就在这种浓厚的文化氛围中成长。张维屏的父亲曾任四会县学训导，使得张维屏从小接受了良好的家庭教育，少时就显露诗才。13 岁时，在番禺县童子试中名列榜首，知县吴政达赞赏这位少年才俊，取《毛诗序》“南山有台，乐得贤也”之意，赐名号曰“南山”。自此，少年张南山闻名乡里。

1. “粤东三子”诗名远扬

从 15 岁开始，张维屏就写有诗作，收入在以后结集的《松心诗集》中。嘉庆九年（1804 年），张维屏乡试中举后首次进京赴考。诗坛泰斗翁方纲阅其诗作，分外赏识，惊呼：“诗坛大敌至矣！”三年后他再度赴试时，翁方纲为他和黄培芳、谭敬昭等三位岭南诗人之诗集作《粤东三子诗序》，从此“粤东三子”文名鹊起。

张维屏活跃于广州诗坛，他与林伯桐、黄乔松、谭敬昭、梁佩兰、黄培芳、孔继勋等在白云山麓筑云泉山馆，据蒲涧廉泉之胜为吟哦雅集之所，时人称之为“七子诗坛”，张维屏之名更加显扬，《番禺县志》也说他“诗名满海内”。两广总督阮元曾邀集张维屏等饱学之士到官署共商编纂《皇清经解》、《广东通志》和筹建学海堂等修文兴教的大事。

2. 勤政爱民，一心向学

道光二年（1822 年），42 岁的张维屏经四度会试终于中了进士，先后出任湖北长阳、黄梅等县知县和湖北襄阳、江西袁州知府等职位。

他秉承广府文化的传统，为官清廉，有“尽心民事，深洽舆情”之美誉。他属于“经世派”，讲求“经济”，提倡实学，追求的是做一个有益于苍生的良臣廉吏。1823 年湖北黄梅水灾，他亲自乘小舟援救灾民，险些丧命洪水之中。1824 年任广济知县时因不愿向百姓征收漕粮引疾求退，未被批准，被贬为襄樊同知。1827 年其父去世返粤，1829 年被聘为学海堂学长。1830 年丁忧服阕，又到湖北、江西等地任地方官。他不满社会的黑暗、吏治的腐败，同情百姓疾苦，因厌恶朝政腐败，在 1836 年毅然离开官场退隐家园。

辞归家乡后，张维屏一心向学，担任学海堂学长，又受聘主讲东莞宝安书院。他赁居广州河南花地潘氏别业东园，筑“听松庐”，悉心著述讲学、游园吟诗，并与林则徐、黄爵滋、龚自珍等在北京结“宣南诗社”。

3. 积极支持禁烟运动

1839 年，钦差大臣林则徐奉旨到广东查禁鸦片。林则徐比张维屏小 5 岁，中进士却比张维屏早了 11 年，但在“宣南诗社”两人即已结识，林则徐对张维屏格外敬重。一到广州，林则徐即访晤卸任归居听松庐的张维屏，又邀请他到衙署，征求禁烟与海防对策。林则徐还倚重张维屏的名望，请他邀集广州知名绅商共商收缴烟土、烟枪事宜。张维屏对禁烟十分赞成，积极支持，同时，出于维持宁静生活的愿望，他曾劝林则徐“毋开边衅”。

（二）近代诗歌第一声

然而，第一次鸦片战争的炮声粉碎了诗人的和平美梦。常言道，时势造英雄，悲愤出诗人。本来只是寄情山水、沉湎答和的张维屏亲历了英国对中国的武力侵略，激起了其爱国热情，“鲰生惟痛愤，洒涕向江流”（《书愤》）。

图 40　张维屏的诗集

1841 年，他目睹了广州三元里人民的抗英斗争，发出了近代爱国主义诗歌的第一声，以长诗《三元里》热情地讴歌了家乡人民的爱国主义精神。此后又创作了《三将军歌》等一大批爱国主义诗歌作品，在当时广为传诵，极大地鼓舞了广府乡亲爱国主义斗志。著名文学家阿英（钱杏邨）曾称赞张维屏的这些诗是“最具有灿烂不朽光辉”的“英雄史诗”（阿英《鸦片战争文学集》）。

1.《三元里》讴歌抗英

三元里抗英时期，张维屏已过花甲之年，虽没直接参加抗英战斗，却以诗人的眼光，以叙事长诗的形式真实地记录了中国近代史上第一场人民群众反帝反侵略武装斗争的过程，热情歌颂了广府乡亲团结御侮的英雄气概和伟大力量，揭露和怒斥了投降媚外者放跑已成网中之鱼的夷兵的可耻行径。《三元里》诗曰：

三元里前声若雷，千众万众同时来。
因义生愤愤生勇，乡民合力强徒摧。
家室田庐须保卫，不待鼓声群作气。
妇女齐心亦健儿，犁锄在手皆兵器。
乡分远近旗斑斓，什队百队沿谿山。
众夷相视忽变色，黑旗死仗难生还。
夷兵所恃惟枪炮，人心合处天心到。
晴空骤雨忽倾盆，凶夷无所施其暴。
岂特火器无所施，夷足不惯行滑泥。
下者田塍苦踯躅，高者冈阜愁颠挤。
中有夷酋貌尤丑，象皮作甲裹身厚。
一戈已揕长狄喉，十日犹悬郅支首。
纷然欲遁无双翅，歼厥渠魁真易事。
不解何由巨网开，枯鱼竟得悠然逝。
魏绛和戎且解忧，风人慷慨赋同仇。
如何全盛金瓯日，却类金缯岁币谋。

这首七言长诗是近代中国的第一声呐喊，作为广州三元里人民抗英斗争的真实情景的记录，为研究鸦片战争史留下了可贵资料，从而成为中国近代文学史上辉煌的史诗，在中国文学史上占有重要的地位。

2.《三将军歌》气壮山河

张维屏另一首著名爱国主义诗篇《三将军歌》，详细记述了鸦片战争时期先后在广州、定海、吴淞牺牲的抗英爱国将领陈连升、葛云飞、陈化成捐躯报国的壮烈事迹，充满激情地歌颂了他们英勇无畏的精神和高尚的民族气节，表彰抗战，痛斥逃降。《三将军歌》曰：

三将军，一姓葛，两姓陈，捐躯报国皆忠臣。
英夷犯粤寇氛恶，将军奉檄守沙角。
奋前击贼贼稍却，公奋无如兵力弱。
凶徒蜂拥向公扑，短兵相接乱刀落。
乱刀斫公肢体分，公体虽分神则完。
公子救父死阵前，父子两世忠孝全。
陈将军，有贤子；葛将军，有贤母。
子随父死不顾身，母闻子死数点首。
夷犯定海公守城，手轰巨炮烧夷兵。
夷兵入城公步战，枪洞公胸刀劈面。
一目劈去斗犹健，面血淋漓贼惊叹。
夜深雨止残月明，见公一目犹怒瞪。
尸如铁立僵不倒，负公尸归有徐保。
陈将军，福建人，自少追随李忠毅，身经百战忘辛勤。
英夷犯上海，公守西炮台。
以炮击夷兵，夷兵多伤摧。
公方血战至日旰，东炮台兵忽奔散。
公势既孤贼愈悍，公口喷血身殉难。
十日得尸色不变，千秋祠庙吴人建。
我闻人言为此诗，言非一人同一辞。
死夷事者不止此，阙所不知诗亦史。
承平武备皆具文，勇法真伪临阵分。
天生忠勇超人群，将才孰谓今无人？
呜呼！将才孰谓今无人？君不见二陈一葛三将军！

此后，张维屏还创作了许多爱国主义诗篇，如《江海》、《书愤》、《孤坐》、《海门》、《雨前》、《金山》等。1849 年，他与梁廷枏、何玉成等爱国士绅一道组织团练、乡勇，年届古稀的张维屏曾在听松庐冒雨检阅清水濠壮丁 800 余人的操练。1857 年，英法联军燃起第二次鸦片战争的战火，炮弹落到听松庐旁，他被迫徙居广州城西泌冲。1858 年他记载了英法联军攻陷广州时侵略者铁蹄下的家乡父老的惨景：“十家九户闭柴荆，白昼巡街有鬼兵。八十老人谈异事，广州城里少人行。”第二年，80 岁的张维屏病逝于广州清水濠。

（三）清代诗坛集大成

张维屏不仅自己写诗，而且研究诗人、评述诗作。他在嘉庆、道光年间所著的大型诗话汇编《国朝诗人征略》，全书分《国朝诗人征略初编》和《国朝诗人征略二编》两编。《初编》六十卷编定于嘉庆二十四年（1819 年），《二编》六十四卷编定于道光二十二年（1842 年）。但因编撰仓促，缺失和误漏之处颇多。这部书共收入清代诗人 1 000多位，数量之多，让读者可以一窥其之前清代诗词的全貌。这部书集“传”、“论”、“选”于一体，收罗了古今对相关问题的评说，尤其是贯穿张维屏对这些诗词的点评，可以说是清代诗坛的集大成之作，也是研究张维屏政治思想及文学理论的重要文献。

1. 收罗千余诗人诗作

《征略》收集的 1 000 多位诗人范围极广，不讲究官品职业，也不论男女老幼，更不管儒士僧道，只要作者以修身齐家治国平天下为务，其诗作工拙不拘，一一收罗进来。作者在自序中称：“盖以人言，则智愚贤否，等有不齐；以诗言，则凡作诗之人，皆得谓之诗人。诗以人而重，人不以诗而轻也。”又谓本书“意在知人，本非选诗”。因而该书保存了不少鲜见于其他史籍的诗人资料，尤其是广东诗人的资料甚为详尽，颇具文献价值。

除采集面广外，体例方面以人为条目，分五个部分的内容：一是诗人的作品；二是征引诸书介绍作者；三是张维屏的点评；四是清诗选目；五是摘引诗词佳句，后附评语。这种体例为张维屏独创，便于检索。书中所采录以及其中所引的一些著作，现已稀见或失传，故更弥足珍贵。

2. 评述诗作优劣得失

张维屏在该书中摘编和点评诗人作品精到细微，手眼俱高，颇有见地，因而不仅是汇集了清代诗词精华，也是研究张维屏的思想和艺术的重要文献。书中明确表达了张维屏对诗词的见解，其要旨是“人有性情，诗于是作”，“诗安有定格哉！但有真才、真学、真性情，其诗自有佳处”，体现其诗词性情自然、直抒胸臆和不矫揉造作的风格。张维屏对其他诗人的点评比较到位，如王士祯是清初杰出诗人，其诗神韵盎然，张维屏评之：“阮亭先生诗，同时誉之者固多，身后毁之者亦不少。推其致毁，盖有两端：一则标举神韵，易流为空调；一则过求典雅，易掩却性灵。然合全集观之，入蜀后诗骨愈苍，诗境愈熟，儒染大笔，积健为雄，直同香象渡河，岂独羚羊挂角。识曲听真，要当分别观之。”这些点评大都摘录自张维屏的《听松庐文钞》、《听松庐诗话》、《松轩随笔》、《松心目录》中的有关评述。

3. 提供后世诗学参考

由于《国朝诗人征略》是相当完备的清代诗人资料汇编，其选诗和诗词佳句摘编可供学诗者取法，而其点评以及征引他书的资料又有极高的思想和艺术水平，因而后世对该书都极为重视。有文献记载，著名诗人龚自珍在道光三年（1823 年）读到该书，激赏之至，为此写了《张南山国朝诗征序》，称其“诗与史”之结合，以“选诗”为“作史”，“故其门庭也远，其意思也橘，其体裁也赅”。晚清词人谭献在《复堂日记》中说，他在编撰《国朝诗录》和删正《国朝诗别裁》、《国朝正雅集》、《湖海诗传》等书时，叹息“张南山《诗人征略》未在行箧”，无从检索。还有许多诗人学者称赞该书，民国后文人刘声木称其“搜罗宏富，辨论详备，眉目清晰，便人检索，体例亦未尝不善”（《苍楚斋随笔》）；邱炜萲称“《征略》一作，传世及远，独享盛名”（《五百洞天挥麈》）。

（四）书画艺术传美名

张维屏有着传统文人的多才多艺，不仅精于诗词，懂得医术，而且在书画方面也有极高的造诣。

1．张维屏的书法

《番禺日报》于2009年8月9日曾经刊登过一篇介绍张维屏书法艺术的文章，评价张维屏的书法五体皆通，以苏轼书法为本，同时受到颜真卿、褚遂良等书法的影响，既能吸取颜体的点画浑厚古朴、笔势雄壮和褚体形疏气紧的特点，又能从苏体中吸取“尚意”的韵味，遂形成自己丰润而不乏骨力的风格，字里行间充满着忧国忧民的爱国情怀。在他自刻的《花甲闲谈》一书中，常附有其各种书体的作品，可窥见其不单是独专一体，而是一位全能的书家（黎向群《留得性情纸墨中》）。张维屏所书“听松园”三个大字石额，现存于广州燕村培英中学内。今广州罗岗罗峰寺内尚存有张维屏撰写的对联：“行云流水见真性，明月清风来故人。”

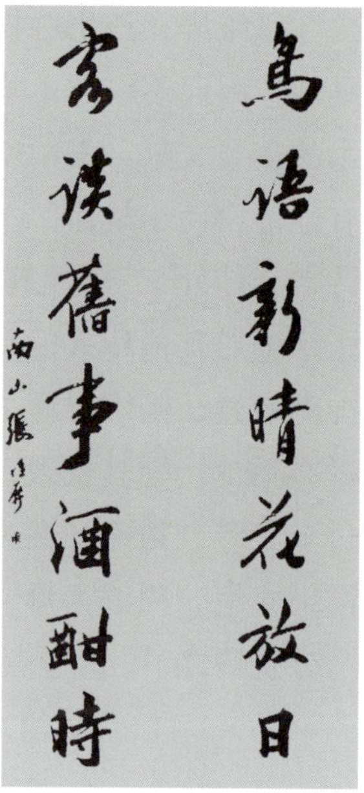

图41　张维屏的书法手迹

2．张维屏的绘画

张维屏的绘画在行内得到了极高的评价，被赞为“作画师造物，破古藩篱。擅画山水、花卉，墨色秀润，颇有灵气”。坊间有署名为张维屏的《八骏图》等作品，拍卖价极高。据拍卖信息称，《八骏图》创作于1847年，张维屏以其精妙的笔触，运用写生的手法展现各马的精髓。画中所绘的八匹马，是传说中周穆王的八匹名马。题识：“开道重骅骝，天子深谋，旁搜八骏按图求，与尘马足遍天下，何处停驺。佳话古今留，艳说千秋，一顾空群谁与俦，无端写入丹青里，凡马皆羞。时在光绪丁未初夏拟松雪

图42　张维屏的《八骏图》

道人笔，维屏写生。”

可园是岭南画派的重要策源地，可园园主张敬修常邀张维屏、简士良等文人墨客在园内联吟、颂赋、传艺。后来，岭南画派开山祖师居廉、居巢在可园作画十年。张维屏的画风与岭南画派之间是否有渊源，还有待进一步研究。但张维屏的绘画作品早有盛名，据说就连朝鲜、吕宋（今菲律宾）等地的人得其翰墨，都视为至宝。

十二、梁廷枏

——开眼望世界的先驱型学者

鸦片战争后，中国进入近代半殖民地半封建社会。帝国主义侵略的炮火警醒了中国这只“东方雄狮”，中国人开始“睁开眼睛看世界”。在中国，广府地区最早接受西方文化的影响，广州早在三国时就是海上丝绸之路的重要起始点，近代广州在通商口岸中有着举足轻重的地位，在明清时多次成为全国“一口通商”唯一的外贸口岸。因此，在中国最早的一批“睁眼看世界”的先进人物中，就有许多人为广府先贤，梁廷枏就是其中的佼佼者。在近代以后，广府文化逐步走到了中国文化的前列，广东涌现出许多引领中国前进的彪炳史册的广府先贤。

梁廷枏（1796—1861 年），字章冉，号藤花亭主人，广东顺德人，中国近代著名学者、文学家。他曾任澄海县训导、广州越华书院和粤秀书院的监院、学海堂的堂长、广东海防书局总纂等职，咸丰时被赐内阁中书，加侍读衔。他出身书香之家，从小好学，平生勤于治学，精研金石、经、史，擅长戏曲创作与评论，有乡土史研究著作《南汉书》、西方史地著作《海国四说》、第一次鸦片战争史料著作《夷氛闻记》等多种历史著作以及《曲话》等文学著作，共计 38 种 288 卷。当代文献学家冼玉清评价其著述“其种类之多，范围之广，实近世所仅见也”（《梁廷枏著述录要》）。梁廷枏在史学、经学、戏曲

图 43　梁廷枏画像

创作与评论等多个领域卓有成就，尤其是在介绍西方政治、经济制度和文化以及海关、海防方面作出了杰出贡献，是我国近代“睁眼看世界”的先驱之一。

（一）悉心探究传统文化

梁廷枏出生于封建士大夫的家庭，先祖为乾隆进士，父梁礼觐、伯父梁彝都是饱学之士。幼年随父养病入西樵，后又寓居广州光孝寺练习静坐。但因父亲久病，他15岁时父亲便去世，家境困难。好在有家学渊源，从小研读了大量祖辈收藏的图书，因而他满腹经纶，“下笔有奇气”。母亲对他管束甚严，亲自督课举业，并送他师从梁章钜、冯龙官、吴显荣、李黻平等名士。梁廷枏的科举并不得意，直至39岁时才考中个副榜贡生。良好的家学渊源使得梁廷枏从小痴迷于中国传统文化，对文、史、曲、词、金石、音律等无不涉猎。他没有进士头衔，后来之所以能够长期主持广州越华书院、粤秀书院、学海堂等，都得益于他深厚的文史功底和极高的艺术造诣。他博学广著，堪称鸿儒。

1. 南方历史研究

梁廷枏的家学渊源使得他对整理历史典籍很有兴趣，常“网罗散佚，钩稽同异”。屡试不第，也促使他将精力转而潜心钻研史实、古训、制度、名物等，从而精通史学，长于考订，勤于著述。他的《南越丛书》、《南汉丛书》等对南方的历史做了较为深入的研究，记载了南汉国皇帝仿照唐长安城建造了大批宫殿，宫殿规模在五代十国中首屈一指，这对发掘南汉国的宫殿起到了十分重要的佐证作用，证实了今广州市省财政厅一带就是南汉国的宫殿区所在。他的有关海关、海防以及鸦片战争的相关著作是难得的史料，至今都是学者们研究这一领域历史的重要参考和依据。他还于1852年参与完成《顺德县志》的修编。他的书院志和日记，则既反映了其教育思想，又是研究广府书院史难得的资料。

2. 戏曲作品和相关理论

梁廷枏还是清代著名的戏曲作家和戏曲批评家，有多部著作传世，在戏曲史上占有十分重要的地位，至今仍有较大的影响。

（1）戏曲理论。

他著有《曲话》五卷，这是他于 1824 年完稿的戏曲批评著作，最早有清道光十年（1830 年）刻本。该书卷一著录杂剧与传奇名目；第二、三两卷品评各家作品，是全书最具价值的部分；第四卷多谈格律、谱法；第五卷侧重论音韵。梁廷枏“不党同而伐异，不荣古而陋今”，提出了许多精到的艺术观点，如“言情之作，贵在含蓄不露，意到即止”，“情在意中，意在言外，含蓄不尽，斯为妙谛”，这在艺术表现形式上追求的正是中国美学传统的最高境界。清婉、自然、简洁，情随景生，互为呼应，则是他的艺术主张。清代著名学者型官员邓廷桢评价梁廷枏“论南北曲，以为粤人所未有”。日本学者青木正儿认为《曲话》“作为清代曲评书中的一部出色的著作，是值得珍视的”（《清代文学评论史》）。

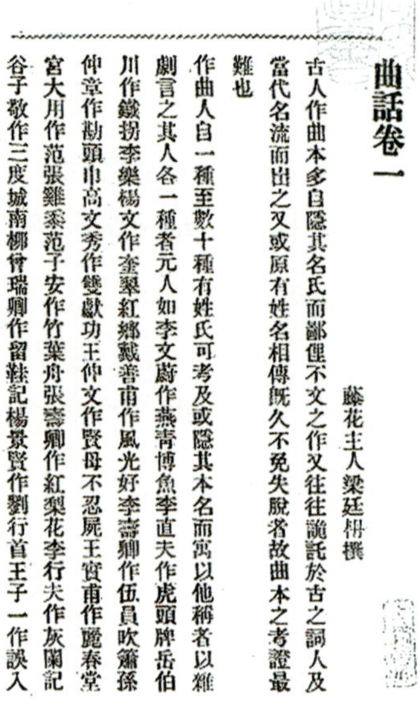

曲話卷一

藤花主人梁廷枏撰

古人作曲本多自隱其名氏而鄙俚不文之作又往往詭託於古之詞人及當代名流而出之又或原有姓名相傳既久不免失脫者故曲本之考證最難也

作曲人自一種至數十種有姓氏可考及或隱其本名而寓以他稱者以雜劇言之其人各一種者元人如李文蔚作燕青博魚李直夫作虎頭牌岳伯川作鐵拐李岳楊文奎作翠紅鄉戴善甫作風光好李壽卿作伍員吹簫孫仲章作勘頭巾高文秀作雙獻功王仲文作賢母不忍屍王實甫作麗春堂宮大用作范張雞黍范子安作竹葉舟張壽卿作紅梨花李行夫作灰闌記谷子敬作三度城南柳曾瑞卿作留鞋記楊景賢作劉行首王子一作誤入

曲話　卷一　一

图 44　梁廷枏的《曲话》

（2）戏曲创作。

梁廷枏的戏曲作品有《圆香梦》、《江梅梦》、《昙花梦》、《断缘梦》四种，合称“藤花亭四梦”。这“四梦”因仿效汤显祖的“临川四梦”，被称为“小四梦”。梁廷枏学习汤显祖，不仅仅只体现在“四梦”的命名上，更体现在对“梦”的戏剧功能和情理意蕴的精心设计上。这“四梦”也是他 30 岁之前的创作。他还著有传奇《了缘记》。

3. 金石、书画和收藏

梁廷枏学识广博，嗜好金石、书画和收藏，自述少年时“即癖嗜钟鼎文字。家藏《宣和博古图》，晨夕摩挲不能少释”。他收藏的书画和书画评论文集也相当可观，他还在 19 岁时于广州购获拓本商周铜器铭约百余种。在此基础上，他早年撰写了《金石称例》四卷及续一卷等书，晚年又结集了《藤花亭书画跋》四卷、《藤花亭镜谱》八卷等多种书籍。以他的古镜收藏和研究为例，他收藏古镜达 137 件，在鉴赏方面提出了许多有价值的观点，如认为战国时期古镜的山形纹“刻四山形以像四岳，此代形以字”，从中可以看出山形纹实际上反映了对山的自然崇拜，含有强烈的吉祥寓意。

4. 诗歌创作得失

梁廷枏现存诗词300多首，收入《藤花亭诗集》、《藤花亭词》中。他的写景诗、赏艺诗、鉴古诗较有特色，成就较高。梁诗主要学韩、苏，字法、句法上有得有失。作为岭南文学的一个部分，梁廷枏的诗歌一直为学术界所忽略，岭南文学史上应该给予他应有的历史地位。（万伟成《梁廷枏诗歌述评》）

（二）积极抵御列强侵略

梁廷枏的诗词缺乏时代气息，有可能是他年轻时受家学熏陶，热衷于与古人争训诂形声以及创作一些闲情逸致的书画歌赋，到了1834年他39岁考中副榜贡生之后，正值他的家乡已能感受到帝国主义列强的军事侵略和经济掠夺，他关注的焦点已经超越了传统学者的范围，转移到他认为更为重要的政治、经济和历史领域。

1. 总纂《广东海防汇览》

1835年，已中副榜贡生的梁廷枏到了不惑之年，已无心功名。两广总督卢坤设海防书局，地点设在广州越华书院。梁廷枏应卢坤之聘，入海防书局主修《广东海防汇览》。

1836年，《广东海防汇览》四十二卷已基本成书，1838年付梓。梁廷枏所谓“海防”的主要目的是“防夷”。他对清政府不修海防深感忧虑，认为广东处于海防前哨，绝不可有丝毫松懈。面对西方舰船的进逼，应重视水师的训练，强调武力防夷，主张外海作战的积极防御。他在该书《方略篇》的27卷中，涉及船政、戎器、操练、巡哨、缉捕、军政、所城、炮台、保甲、禁奸、驭夷等内容，几乎包含当时所能认识到的海防和海战的所有事项。他还在书中明确地提出了“以民济兵”的思想。该书的编撰，吸收了西方海防经验，总结了列强入侵沿海的方式和途径，并提出相应的对策，扩大了国人的眼界，加深了国人对民族危机的警觉，提高了人们对海防和海战重要性的认识。

2. 总纂《粤海关志》

在总纂《广东海防汇览》时，邓廷桢接任已经去世的卢坤之职，

1836年聘梁廷枏为越华书院监院。1837年，粤海关监督豫望聘梁廷枏总纂《粤海关志》。

粤海关的设置是从清康熙统一台湾、开放口岸时开始的，这也是中国历史上设立的第一个海关，至鸦片战争前夕已历一百多年。尤其是乾隆年间实行广州“一口通商”，粤海关的地位愈加突出。广东的对外贸易以茶叶、丝绸等物品为主，而换来的本来是大量的通货“番银”和棉花等原料，使中国成为世界上最大的白银入超国。但鸦片战争前夕，广东进口的主要货品已经由白银变成了鸦片，而且鸦片走私十分严重。因此，海关的历史和现状已经引起了当局的重视。当时粤海关曾请学海堂的学长曾钊主持编撰百年海关史，但由于该书难度极大，终未完成。1838年梁廷枏初步完成《广东海防汇览》的总纂书稿，他对广东本地与西方海外贸易情况的了解以及在海关方面的学识深得众人钦佩，于是走马换将，由梁廷枏负责总纂，曾钊等一班人马协助。他们在越华书院之红云明镜亭笔耕近两年的时间，于1839年完成了我国第一部地方海关志——《粤海关志》。

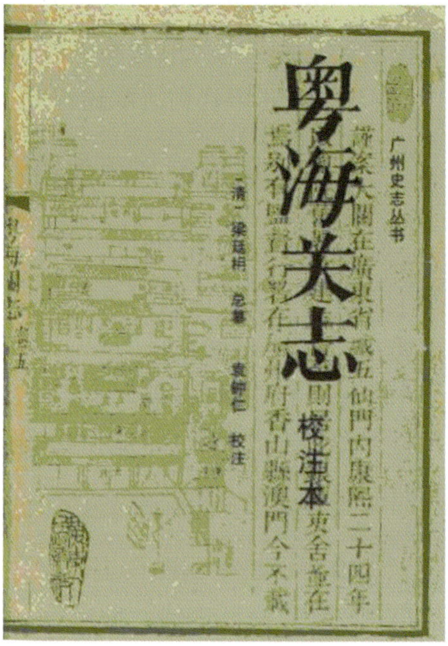

图45 梁廷枏总纂的《粤海关志》

《粤海关志》共三十卷，分为皇朝训典、前代事实、口岸、设官、奏课、税则、经费、禁令、兵卫、贡舶、行商、夷商、杂识等十四门，辑录了大量诏谕、奏议、海关原始文档、历代文献等，详实地记述了鸦片战争前粤海关的制度、机制、沿革、关务、税收及世界各国对华贸易的发展脉络。所载史事始于1750年初（清乾隆十四年十二月），迄于1839年上半年（清道光十九年五月），而历史沿革上溯到古代广东的外贸。该书采用史论结合的方式对粤海关进行了全方位的考察、记述和评论。例如，书中对此前的鸦片进口和走私情况做了详尽的记载，在《禁令》部分汇集了禁烟言论，并加按语说，对鸦片走私要

“严立规条，降恶务尽，此实海关要务”。《粤海关志》具有很高的文献价值，是研究第一次鸦片战争前夕中外贸易与中外关系以及岭南区域经贸史、港口史不可或缺的第一手资料。

3. 投身禁烟和反抗斗争

1837 年，林则徐任湖广总督，次年冬为钦差大臣，1839 年赴广东查办鸦片事务，以越华书院为行辕。随后，鸦片战争爆发。梁廷枏积极参与了一系列禁烟和反抗列强侵略的斗争，体现了其爱国民族气节，发挥了先进知识分子的作用。

（1）反抗侵略的斗士。

林则徐下榻越华书院的这一年，梁廷枏是禁烟抗敌的坚定支持者和积极参与者。他深得林则徐重视，成为其左右手，参与军政决策。林则徐将《广东海防汇览》、《粤海关志》等当作案头常备书，还请梁廷枏将海防资料绘制成图表以供参阅。一次，梁廷枏在越南华侨顺德人周彦才那里探知英国人将以武力侵华的消息，便“密言林公，请为早备”。1839 年农历 6 月，梁廷枏协助林则徐召集越华、粤秀、羊城三书院的数百士子办“观风试”，用问卷的方式调查鸦片的流毒和官风民情，肃腐惩奸。在林则徐接替邓廷桢的两广总督职务前，梁廷枏还经常在邓廷桢幕府参与缴烟行动。当两广总督林则徐被清廷革职贬谪，时任越华书院监院兼学海堂堂长的梁廷枏奔走于民众士绅之间，为林则徐辩护。梁廷枏还继续受聘于后任两广总督祁贡、徐广缙幕中，帮同筹办团练。1849 年，广州坚拒英人进城，梁廷枏召集诸书院学士和社会绅士一道制定章程，并领头前往英领事馆论理，使英公使惧民威，不得不取消进城之举。当英人称已占香港而琦善等不敢上报朝廷时，梁廷枏连同广州地方绅士迫使巡抚怡良弹劾琦善，罢了琦善之官。

（2）撰写鸦片战争史书。

如果说，张维屏的《三元里》是用诗的形式记述了广州人民的抗英斗争，到了梁廷枏这里，已经由诗歌艺术进入社会科学领域，用史书的形式记载第一次鸦片战争。梁廷枏撰写了《夷氛闻记》五卷，于 1850 年完成。该书记载了中英通商由来，禁烟始末，鸦片战争在广东、浙江、福建、台湾、江苏等地的战事，赞扬林则徐等人的抗英业绩，揭露琦善、奕山、奕经等的丑恶行径，大力宣扬三元里人民和广州人民抗英斗争的胜利成果，实录群众火烧十三行夷馆、捣毁卖国官

员和商人之家的情形以及《南京条约》签订后广东等地人民继续坚持反侵略斗争的事迹。该书是后人研究鸦片战争的珍贵资料，受到许多史家的重视。

除《夷氛闻记》、《广东海防汇览》、《粤海关志》外，他还著有《海国四书》等著作。梁廷枏成为了第一次鸦片战争前后极为有名的学者，为国人了解世界格局和中国境遇打开了一扇观察的窗口，提供了警示和启迪。咸丰元年（1851 年），清政府授予他内阁中书、加侍读衔的虚职。

（三）初步引入西方文明

梁廷枏的最大贡献，在于他作为我国近代放眼看世界的先驱，著有其代表作《海国四书》等。在 19 世纪 40 年代以前，中国人对西方国家的情况了解极少，多属以讹传讹。1820 年，有人根据广东水手谢清高的口述写成了《海录》印行。林则徐在广东主持禁烟时，为了解西方情况，请人译述了英人慕瑞的《世界地理大全》，编印了《四洲志》。1848 年，徐继畬出版《瀛寰志略》，介绍外国地理知识。在与林则徐一道禁烟的过程中，梁廷枏知道林则徐十分重视从西方的报纸和朝廷的月报中了解夷情，对这种方法大加称赞，于是产生了将一直都关注的西方各国有关情况汇编成书以饷国人的念头。1843 年梁廷枏母亲逝世，在丁忧期间，他陆续撰著了《海国四书》诸书，这些作品成为我国最早介绍西方世界的著作之一。此后，魏源的《海国图志》等一系列书才陆续印行。正如人们评论的：当时“形成了一股开眼看世界的思潮，在这股思潮中，梁廷枏的《海国四书》不论其内容和价值都堪与魏源的《海国图志》、徐继畬的《瀛寰志略》相媲美”（王金峰《梁廷枏》）。

1. 著《海国四书》

西方资本主义势力的入侵，促使梁廷枏关心时事，注意研究西方国家的政治、经济、历史和地理情况。1844 年，梁廷枏采集海外旧闻和外国人写的有关资料进行了认真的研究，著《耶稣教难入中国说》，又成《合省国说》（“合省国”指美利坚合众国）三卷，并刊行《粤道贡国说》六卷。1848 年，将《英吉利国记》扩充改编著成《兰伦偶说》（“兰伦”即英国伦敦，此泛指全英国）四卷。这四部书于道光二十六年（1848 年）正月合编一起，名曰《海国四说》。梁廷枏刚开始时对国西方国家也是知道得很不准确，如在《粤海关志》中，他和当时包括林则徐、魏源等在内的人都把北美洲和非洲混为一谈，认为加拿大和美利坚都在非洲，在《合省国说》中对这些不正确的认识做了纠正。而且，在《海国四说》中，已经将西方人称为“西人”，将西方各国称为“西国”，而不是过去的“番鬼”、“夷人”。该书虽不如魏源所编的《海国图志》包罗的范围那么广泛，却在政治制度、经济情况等方面的介绍较为深入和独特，可说与《海国图志》不相伯仲，而且弥补了林则徐主持编译的《四洲志》的不足，是当时了解西方国家政治、地理和历史很有价值的参考书。

2. 介绍美英政治

《海国四书》不仅是一般性地从地理环境、社会民情等方面介绍欧美，而且在近代中国第一次探讨了美国民主共和制度，并初步分析其确立的原因。梁廷枏在《自序》中指出：“余观美利坚之合众为国，行之久而不变。然后知古者可畏非民之未为虚语也。彼自立国以来，凡一国之赏罚禁令，咸于民定其议，尔后择人以守之，未有统领先有国法。法也者，民心之公也。统领限年而易，……既不能据而不退，又不能举义自代，其举其退，一公之民。……为统领者，既知党非我树，私非我济，则亦惟有力守其法，于瞬息四年中，殚精竭虑，……又安有贪侈凶暴以必不可固之位，必不可再之时而徒贻其民以口实哉。”书中介绍了确立美国民主制度的华盛顿的贡献，首度在汉语里提出“国父”这一概念，形容华盛顿“为人公正自矢，不事威福，不辞劳瘁”，还说他卸任后常常利用空闲时间，“率官绅人士与农并力耕作”。对于美国的法律制度，梁廷枏在该书卷二中，详叙了美国“新定‘条例’十有七款”，“凡事无大小缓急，必集议而后行，议必按‘例’”。另外，还涉及宪法鼓励贸易、鼓励发明诸项。在《兰伦偶说》中，梁廷枏也提到英国的《大宪章》，介绍英国议会的缘起，展示了一个与天朝体制迥然不同的近代西方政治体制。这就不是简单地介绍美英新兴的民主制度，而是注意到民主制度与专制制度的根本区别，对西方民主制度表示称赞和向往。同时，这无疑是对以清廷为代表的两千多年封建专制政体的抨击和反思，打破了中国人以君主专制为天经地义的传统政治观。梁廷枏向国人推介美英的政治制度，呼吁以民

为本、以法治国，不啻为振聋发聩之论，而且有像屈大均遭受“文字狱”那样入狱杀头的危险！

梁廷枏还十分重视英美的经济情况，在《英吉利国记》及后来扩充改编的《兰伦偶说》中，“录其治革世次，因及其积年争据之由”，介绍了英国的历史、地理、风俗、宗教、政治、经济、教育、中英贸易等，侧重对英国商业贸易作详细的介绍。他在《耶稣教难入中国说》等书中对西方宗教文化的认识，也属于那个时代中国人的最高水平。

当然，在梁廷枏那个时期，正如人们刚睁开眼睛看外物，一切都是那样的模糊，他对西方世界的认识还是初步的、肤浅的，难免包含错误。尤其是他的文化立场仍然是在竭力固守中华正统，甚至认为西方的科技军工乃是学自中国的火药等发明，因而他提不出甚至反对像魏源那种“师夷之长技以制夷”的主张，相应的影响也难以企及，的确是历史的遗憾。但有的学者由此推论林则徐之所以嘱托魏源撰写《海国图志》，而不委托梁廷枏，就在于林则徐看出了梁廷枏的缺陷，进而把没有提出向西方学习的缺陷看做是整个广东文化闭塞的反映。（袁伟时《鸦片战争没有打醒广东》）虽说其推论有扩大化之嫌，但对广府文化的历史有着反思、批判的作用。就梁廷枏《海国四书》本身来分析，它印行于1848年，其中各篇成书时间更早，而《海国图志》50卷本成书于大致相近的时期，最后修订完善成100卷是在《海国四书》印行的两年之后，两者在成书的过程中互有影响，我们应当肯定后者，同时也不能贬低前者。我们当然要检讨以梁廷枏为代表的当时部分广府先贤们抗拒学习西方文化的失误，也要体察广府人民首先遭受列强经济掠夺和军事侵略所必然带来的思想反映。何况中国学习西方船坚炮利的“长技”只是最初的阶段，而借鉴西方的制度、文化更为根本，有些方面至今仍要继续学习，梁廷枏那些超越时代的思想才是今天更需关注的所在。

十三、朱次琦

——主张经世致用的九江鸿儒

人们熟悉的电视剧《红楼梦》中有这样一个情节，黛玉临死前听到宝玉与宝钗结婚的喜乐，悲愤之下将自己的诗稿一张张撕烂，投入火盆中，化作灰烬。那情断意绝之状、声嘶气竭之态，让人无不欷歔哀叹，甚至潸然泪下！无独有偶，这里要介绍的也是一位临终前花了一整天烧毁自己一生心血写就的书稿的人，但他不是殉情的妙龄才女，而是一位年过七旬的旷世大儒，他就是九江先生朱次琦。即便是他的弟子，也难以猜测他焚稿的动机，其得意弟子康有为说他是“愤世嫉俗”；另一个弟子简朝亮则认为是一为“防误读之弊”，二为“不图学者之名”；而再传弟子梁启超则认为九江先生已经认识到“旧学无益”，于是将旧学书稿付之一炬。的确，九江先生的一把火不仅为他的一生学问画上了句号，实际上也为中国的传统旧学画上了句号。这个时期的广府文化正处于中国历史的大动荡、大变革时期，九江先生敏感地感觉到应当用“新桃”换“旧符”，用一把火给后人以多么深刻的警醒，其热足以灼痛身体，而其光则足以照亮前进的方向。

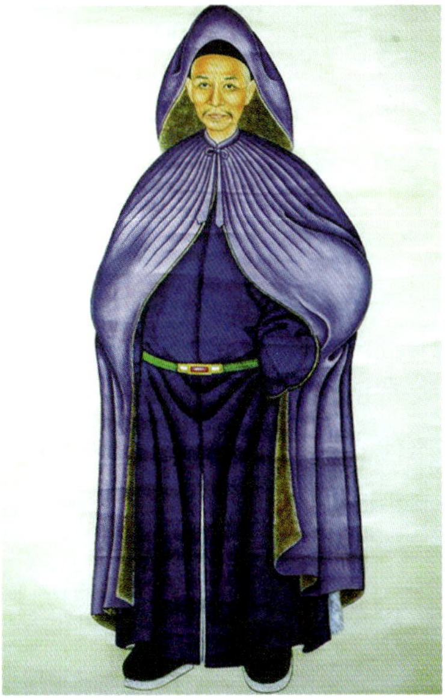

图 46　朱九江先生奉命出塞像

朱次琦（1807—1881 年），字稚圭，号（一说为另字）子襄，广东南海（今佛山市南海区）人。近代著名的学者、

诗人和教育家，与陈澧并称“岭南两大儒”，人称九江先生。道光二十八年（1848 年）进士，任山西襄陵知县。后辞官归故里，立书院讲学，培养出康有为、简朝亮等高徒，创九江学派。曾因与人学术观点不同，婉拒广东学海堂学长之位。1881 年去世前由两广总督张树声和广东巡抚裕宽奏请朝廷，以耆年硕德赏加五品卿衔。他为学主张经世致用，倡导“读书务大义，励志圣贤，由体达学”，教导弟子“处子耿介，守身如玉，谷暗兰薰，芳菲自远”。朱次琦生平著述丰富，其《国朝名臣言行录》、《国朝逸民传》、《性学源流》、《宋辽金元明五史征实录》等都有极高的学术价值。诗集有《是汝师斋遗诗》一卷。虽然他临终前将书稿焚毁，其弟子仍辑得《朱九江先生集》十卷传世。

（一）凛然正气官风清廉

朱次琦出生于广东南海县九江乡的一个小康家庭，祖上为望族，先祖朱实莲曾摄理高明县事，但到他父亲这代家道已然衰落。虽然家境不富裕，但朱次琦的父母却是知书达理、仗义疏财之人，在乡里有较高的名望。因而朱次琦从小得到良好的家庭教育，牙牙学语时，母亲就将他抱于膝上，授以唐人绝句当作小儿歌谣。5 岁入家塾读书，受学于叔父懿修先生。7 岁时能赋诗作词，13 岁见两广总督阮元，奉命作《黄木湾观海》诗，阮元赞许称“老夫当让”。道光四年入广州羊城书院学习，22 岁参加乡试，26 岁再进广州越华书院深造，肄业时赋《新松》诗“栋材未必千人见，但听风声便不同”，语惊四座。33 岁时赴乡试，与兄长朱士琦同榜中举。道光二十一年（1841 年）会试落榜，住北京南海会馆读书。次年在南海九江南沙陈氏祖祠开馆授徒。他还曾在家乡领导乡人抗御洪水，誉满乡里。道光二十七年（1847 年）他再度参加会试，经殿试获第三甲名赐同进士出身，以知县即用，签发山西。候补了两年多，才得到山西襄陵代理知县的职务。但为官的艰难，官场的黑暗，令朱次琦“皤然有南归著述之思”，他只在代理知县的位子上呆到 190 日期满，便辞官返回广东，继续从事教书事业。

从朱次琦的求学和从政的历程来看，他真正做到了为国为民，鞠躬尽瘁，“一身正气，两袖清风”。

1. 一介书生写诗怒斥卖国贼

朱次琦 21 岁那年，新疆发生江格尔在南疆叛乱事件，他为此写了一首诗："敢从烽为戏，须明国有权，整疆光旧物，不疑勒燕然。"诗中明确提出了国家主权不容侵犯，谴责了分裂国家的叛国行为。

在鸦片战争期间，广府地区遭受战争的创伤，他愤怒地谴责卖国求荣的行为。他在诗中写道："卖国通番贼，天津起祸胎，远近炮如雷，江海含冤气，烽烟逐劫灰，楼船诸将帅，何日得生回。"当知知钦差大臣琦善割地求和时，他写诗痛斥琦善的卖国行为。1856 年，他原本在广州南海县尊经阁授徒，因英国侵略广州而被迫离开，回到九江乡。

据《南海县续志》记载，朱次琦到了晚年，曾在书信中关注"马嘉理案"，对国家命运深感忧虑，怒斥清政府派李鸿章与英国订立《烟台条约》的卖国行为是"身系安危，先自屈辱，损中国之威，长夷虏之气"。当时他已年近七旬，疾病缠身，还表示国家"不幸有事，吾当力疾而起，亲阅海疆，参划防守，以此老病之身为国效命耳"。

2. 平息蒙古贵族与边民械斗事端

1849 年后，朱次琦在山西候补官职达两年多的时间。这时晋北漠南发生一宗边民与蒙古人之间的械斗，蒙民死伤达 700 余人，蒙古诸王扬言要向山西进兵。在危急时刻，朱次琦奉命缚为首滋事的山西边民 13 人，出使蒙古会见扎萨克部族诸王。经朱次琦多方调解，晓以德义，终于平息了山西北部边民与蒙古旗主的争端，化解了民族矛盾，避免了战乱。

3. 任职襄陵代理县令政绩卓著

1852 年，朱次琦被任命为山西襄陵代理知县，任职 190 日。时间虽短，但他勤政爱民，颇有政绩，经常微服私访，了解民情，解决了历任知县积压的许多重大案件。例如，抓捕多年没能归案的巨盗、遏制豪绅仗势欺人、平息两地争水械斗、组织火枪队消灭危害人畜的狼患，等等。以致他期满离开之时，当地民众依依不舍，上书挽留不成，又夹道欢送队伍长达几千米，并立生祠"朱使君祠"奉祀，著书《爱棠录》八卷，盛赞其政绩，誉其为山西贤令，又称之为后"朱子"。遗憾的是，在《襄陵县志》中只有朱次琦的简单介绍，对他的事迹竟无半点记述。

4. 生活俭朴，经常靠借债度日

朱次琦虽然代理知县，但他并不是抱着“三年清知府，十万雪花银”的目的去捞取钱财，而是一身正气，两袖清风。他一人赴任，未带家眷，平时的生活十分俭朴，只是粗茶淡饭。以往襄陵县官吏过生日索取的祝寿礼金每年都达“千百金”，他到任后完全禁止，规定收礼金者以贪赃论处。尽管省衣节食，他辞官归乡时，还是路费不足，不得不典当衣服才能成行。朱次琦实现了自己“不载晋一钱”的南归誓言。

图 47　朱九江纪念堂

经济的窘迫伴随着朱次琦的一生。他开办学堂也不是为了赚钱，因为收取的学费很少，经常要向别人借款才能支付学堂各项开销，借贷的钱款直至去世前一年才得以还清。他多为别人着想，从不计较个人得失，生前不取百姓一文，死后家徒四壁，无以为葬，幸得学生们筹资，葬于西樵山凤翼峰，后迁葬于九江镇下西坊龟山。

（二）九江学派桃李果硕

1856 年，朱次琦因英国侵占广州回到九江乡后，第二年便在南海尊经阁从教。自 1858 年起，开始在九江乡南礼山下（今忠良岗）礼山草堂讲学，从者甚众。他培养出康有为、简朝亮等一大批优秀人才，后人将朱次琦及其弟子称为“九江学派”，该学派成为清代学术界的重要学派，也是清代岭南学术的代表性学派。

1. 九江学派的学风

朱次琦的礼山草堂之所以从学者甚众，主要在于有别开生面的学风，在清代乾嘉考据学派占据上风的时期，给学界吹来了清风。

（1）在培养目标方面，朱次琦是近代主张“经世致用”颇有影响的教育家。九江学派奉行“以经世救民为归”的主张，学习的目的在于把自己培养成为有用之才。礼山草堂十分注重培养学生的道德品质修养，向学生提出“敦行孝悌，崇尚气节，变化气质，检点威仪”四点要求，以明理为基础和前提，明理的目的又在于处事，从而能够使学生“先以自治其心，随而应天下国家之用”，使学生做到诚心、谨慎、克己、力行，努力上进。朱次琦身体力行，拒绝朝廷的特诏起用以及广东巡抚郭嵩焘的探视，在学生面前树立起纯儒的形象。简朝亮就深得先生之道，以讲学著述终其身，屡却官聘，不尚仕途，成为清末民初著名的教育家。

（2）在学术倾向方面，九江学派反对汉学和宋学门户之见。朱次琦认为以考据训诂为特征的汉学和八股科举，是清朝禁锢人才之学。他提倡扫除汉学、归宗于孔子。他既反对清中叶汉学考据的烦琐和门户之见，也反对宋明心学的空疏玄谈，试图以一种平易笃实的方式向学生阐明儒学的本来面目，而不应该只专注于八股、八韵和八法这些考据的或应试的东西。他曾拒绝广州学海堂学长的聘任，但学海堂仍虚位以待，并为他刻印著作。这一方面表明朱次琦在当时的学术地位，另一方面也表明他与重视考据学的学海堂在学术倾向上的不同。

（3）在学习内容方面，九江学派一扫汉宋经学的门户隔阂，反对专攻一经、专学一门的狭隘，而将经史两学相互贯通，互相印证，追寻学问的本源，把经学、史学、掌故之学、性理之学、辞章之学，都列入必读科目。特别是掌故之学，涉及有关国计民生的政治、经济、军事、教育、水利、文物制度等各个方面。虽然礼山草堂的教学内容在精神实质上突破了传统，但遗憾的是尚未有介绍西学的内容，也没有强调自然科学的知识，存在一定的局限性。

（4）在教育方法上，九江学派主张“有教无类”、“因材施教”。广西平南县有个名叫朱方晖的人慕名来学，但礼山草堂每年只招收50人，他没有名额录取，只好在草堂附近住下自学等了三年。朱次琦有一天偶然经过朱方晖住的小屋，听到内有琅琅的读书声，一打听才知道这件事，于是打破惯例，特许把他收为学生，后来朱方晖考取了进士。据说他的学生应考，如果出发前朱次琦在鼓励的同时言语有所刺激，则能够高中，而朱次琦一旦只说鼓励的好话，肯定名落孙山，人们觉得他真有神通，实际这只是因材施教的教育方式。康有为在礼山

草堂时就是一个有才气的学生，闭门著述，所写内容就是后来编《大同书》的初稿。当他拿稿子与同学交流时，大家都说看不懂。康有为将稿子送给老师审阅，朱次琦充分肯定了它的价值，同时又说稿中的观点无法实行，否则将天下大乱，并嘱他不要轻易示人，以待时机成熟。康有为果然谨守先生的嘱咐，生前未将《大同书》的全稿印行于世。

2. 九江学派的阵营

朱次琦开办礼山草堂二十多年，弟子众多，著名弟子有康有为、简朝亮、梁耀枢等。

（1）康有为。1876 年乡试落榜后来到礼山草堂。此前曾跟随过六七位老师，直至拜读于朱次琦门下，“乃洗心绝欲，一意归依”。作为维新运动的领袖，他在海内外享有盛名，朱次琦的名声也因弟子康有为的名声而更加响亮。康有为开办了万木草堂，培养了梁启超、陈千秋、徐勤等九江学派的再传弟子，在戊戌变法史上熠熠生辉。

（2）简朝亮。顺德北滘简岸人，被认为是最能继承朱次琦学说的人。他从 1875 年 24 岁开始追随朱次琦研习经史、性理、辞章之学，恪守师说，淡泊功名。因屡试不第，39 岁后他便绝意科场，专心读书和讲学，先后在广州、顺德、阳山等地讲学，中年后在乡设读书草堂，培养了大批九江学派的再传弟子，成为清末民初的大教育家。他继承了朱次琦的学术思想，一生服膺朱的学说，以言传身教并重，培养品行气节，笃行修身之道，主张济人经世，不为无用之谈。著有《尚书集注述疏》、《论语集注补正述疏》、《孝经集注述疏》、《读书堂问答》

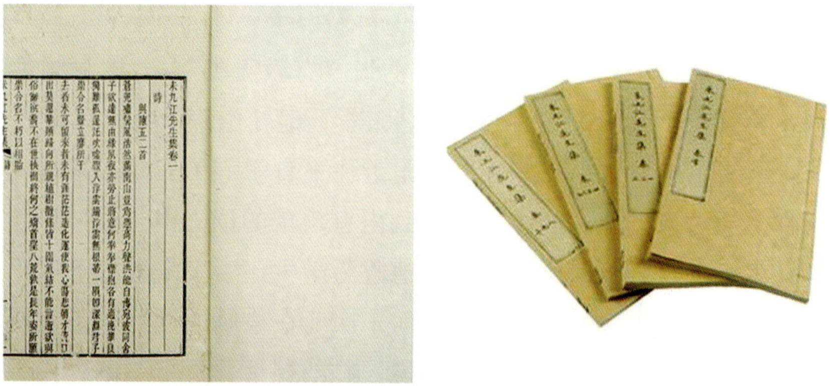

图 48　《朱九江先生集》十卷首一卷

等。在整理传扬朱次琦事迹和学术成就方面致力颇多，编有《朱九江先生讲学记》、《朱九江先生年谱》和《礼山纪闻》等，还编辑朱次琦所遗诗文，成《朱九江先生集》。在朱次琦临终焚毁了自己的书稿的情况下，有赖简朝亮才传承了先师的珍贵作品。

（3）梁耀枢。他跟随朱次琦时间比较长，1862 年中举后仍留在朱次琦身边学习。1871 年登进士，为同治钦点状元，是朱次琦学生中科名最显著的一位，也是广东最后一位状元。官居湖北学政、山东学政等职。

九江学派的著名弟子还有翰林院编修、举子试主考官陈如岳，军机大臣戴鸿慈等。

3. 九江学派的成就

在朱次琦 75 年的人生旅程中，做官的时间十分短暂，他耗费心力最多的是教育，最大的成就是创立九江学派，培养了一大批杰出人才。朱次琦及其九江学派的成就，具体来说有以下几个方面。

（1）朱次琦提出了一系列有价值的思想观点，在清代学术史上具有重要的地位。

朱次琦及其九江学派的学术思想构成了一个较为完整的体系：①从学派的源流上来看，朱次琦的学术思想以宋代的程朱理学为根本，尤其推崇朱熹，批评王学重心不重学。②从学派的精神气质上来看，在当时中国社会迈入近代的时代转换期，失次琦的学术气质与明清之际的顾炎武、黄宗羲相似，特别注重气节，主张“崇尚名节”，“变化气质”。③从学派的学术内容来看，朱次琦独倡“四行五学”的思想。“四行”指敦行孝悌、崇尚名节、变化气质、检摄威仪，侧重于个人内在道德情操修养；“五学”指经学、史学、掌故之学、性理之学、辞章之学，侧重于研究多元的知识学问。④从学派的育人目的来看，九江先生特别强调学问的目的在于“通经致用”的治学目的论，以经世救民为归。他批判晚清学界的急功近利之风，主张践履功夫即是实学功夫。认为“读书者何也？读书以明理、明理以处事。先以自治其身心，随而应天下国家之用”（《朱九江先生年谱》），“吾今为二三子告，蕲至于古之实学而已”（《朱九江先生集》卷首之二）。在他于道光二十七年（1847 年）参加殿试所写的文章中也反映了他的实学思想。

（2）朱次琦打破了清代乾嘉学派占据统治地位的局面，开创了思想界新风。

清初出现过一股反对明末王学空谈心性的思潮，学者们总结明亡的理论教训，将心学流弊看做是明朝灭亡的原因，就像将严刑酷法看做是秦朝灭亡的原因一样。清朝统治者一方面接受了中华文化，使满族融合为中华民族的一员，同时又将清算心学流弊的学术思潮引向了训诂考据之学，在乾嘉时期十分兴盛，被称为“乾嘉学派”。虽然学者们在学术上有了较大的成就，但对经世治国意义不大，致使中国越来越落后。朱次琦生活于鸦片战争前后，中国落后挨打的局面促使其进行理性的反思。朱次琦从上述“通经致用”的实学传统出发，反对脱离现实的纯考证之学，抨击当时的八股、科举制度，认为考据烦琐空洞，科举八股无当于世，成为学风改革的翘楚。但朱次琦是在传统儒学的内部挖掘“致用”的实学因素，以纠正心学和乾嘉派理学的空疏务虚之弊。他仍属传统儒学的阵营，因有了新的变革的因素，试图在儒学的内部进行某些补救和调整。因此，他在再传弟子梁启超眼里，成为中国旧学的一个句号。钱穆先生也说过：“稚圭有意提倡一种新学，实乃为旧学之殿也。”（钱穆《朱九江学述》）在当时的条件下，这个旧学的句号既有时代和认识的局限性，又具有历史的进步性。

（3）朱次琦培养了大批弟子，不仅影响了广东的历史，而且影响了整个中国近代史。

九江学派培养出大批心高志大、才干出众的人才，他们在朱次琦实学精神的激励下，立足于历史传统的同时，密切关注社会现实，并以为现实服务为宗旨，担当天下大任，因此他们具备了与时俱进、锐意改革的潜在动力。从康有为的思想来说，“九江实学”无疑也是康有为变法思想的主要来源和组成部分之一。朱次琦不仅培育了康有为关心国家民族、研讨现实学问的精神，甚至他以《新学伪经考》、《孔子改制考》等“旧瓶装新酒”的方式鼓动改革，也是九江学派在经学传统中开出新意的弘扬和发展。只是在康有为那里，已经突破了传统儒学的藩篱，进入“新学”的新形态。而在梁启超那里，“新学”已经纳入了西方文化的要素，变革成为现代中国的学术文明。九江学派提倡的实学也影响到民主革命的先驱孙中山。而康有为、梁启超、孙中山等广府先贤，他们不仅是广府近代文化的代表，而且在中国近代史上占有十分重要的地位，像孙中山乃是中国历史由近代向现代迈进的里程碑。

（三）诗书传世不同凡响

九江醇儒朱次琦与许多的广府先贤一样，也是多才多艺，诗书传家。他的诗词成就斐然，书法自成一家，谱牒学等也很有影响力。这里简要介绍其诗书成就。

1. 济世雄浑的诗词

朱次琦不仅是晚清著名的教育家，而且是一位在岭南诗歌发展史上具有重要地位的诗人。他指出“诗为心声”，他的确把自己经世济民的实学精神贯穿于诗词之中，以济世的诗品和雄浑的诗风给岭南诗坛以极大的影响。现代著名国学家汪辟疆曾评价岭东晚近之诗其派有三，曰：“近代岭南诗家，以南海朱次琦、康有为，嘉应黄遵宪，蕉岭丘逢甲为领袖”，而九江学派“此派诗家，大抵怵于世变，思以经世之学易天下，及馀事为诗，亦多咏叹古今，指陈得失……其体以雄浑为归，其用以开济为鹄”。（汪辟疆《汪辟疆说近代诗》）。这里试举两首供读者欣赏：

至日怀族子廷光

日至繁阴积，天涯旧雨多。
性情廷吉尺，心事鲁阳戈。
宛宛凋残景，匆匆俯逝波。
行吟怨劳者，风雪大江沱。
及尔一挥手，临风空断肠。
乾坤余聚散，身世阅苍茫。
朔吹零孤馆，江声碎夕阳。
愁心惊晚序，连夜梦河梁。

冯大汇诗卷属为点定因系以诗

懒人减睡夜看月，睡醒昽昽白生室。
天公为我洗羞颜，一雾涨霾三丈日。
是谁剥啄警尸寝，发简吟哦纷玉屑。

豪猛或余螭蛁杂，芳菲未许兰荪歇。
记识君才何日始，泥饮吾庐得酒别。
醉客风交乱竹影，诗人毂转生莲舌。
蛟龙出纸雷声碎，璜琥霏光玉花彻。
大巫压己魂怦怦，小别催人波冽冽。
锦章竟缺七襄报，斗柄虚仍三载揭。
太息前尘春一梦，岂谓国工肱九折。
我今卧病山海深，倦眼昏花书卷撤。
白日终然怯牛斗，碧海何因叹鲸掣。
将无错认马识涂，为遣澄清鱼有孽。
目不见目固其理，心以印心更何说。
晏岁匆匆寒晷急，霜风懔懔冬山嶻。
次君诗卷忆方山，我亦门庭满枯叶。

2. 遒劲浑厚的书法

朱次琦的书法得益于谢里甫对他的指导。他18岁肄业于广州羊城书院，山长谢里甫曾将集自己毕生心血和经验写就的书法理论著作《书诀》一卷，独传给厚爱的弟子朱次琦，从而使朱次琦接受了谢里甫学字八法的理论。其书法以遒劲有力、墨迹浑厚、大气磅礴、力能扛鼎著称于世，康有为在《广艺舟双楫述学第二十三》中曰：“九江先生为当世大儒，余事尤工笔扎，其执笔主平腕竖锋，虚拳实指，盖得之谢兰生先生，为黎山人二樵之传也。”康有为甚至称赞朱次琦的书法“（颜）鲁公以后，无与伦比”。

图49 朱次琦书法手迹

可惜的是，朱次琦平时不肯为人题字，临终前又将自己包括书法在内的手稿统统焚毁，因而他的书法传世极为罕见，据传广东省博物馆和南海博物馆仅各藏有朱次琦对联一副。在传世不多的朱次琦的书法作品中，有一幅朱次琦于1829至1830年间恩师谢兰生（里甫）七十华诞时遵先生之嘱专门创作的，内容不仅反映了朱次琦的艺术思想，也流露了他对祖国美好河山的热爱和对国家命运的关切。（张道兴《一件书法藏品和两位历史名人——纪念朱次琦先生诞辰200周年》）

朱次琦已经离世一百多年了，但人们并没有忘记这位广府先贤。1936年在九江礼山草堂旧址兴建了朱九江纪念堂，1994年重修，并在这里建起了九江中学。纪念堂前对联为康有为弟子梁鸾仑所写：“千秋新学开南海，百世名儒仰九江。”二楼展厅陈列着一尊由著名雕塑家潘鹤制作的栩栩如生的朱次琦铜像，左右分别排列着四块镌刻着“四行五学”堂训的红木屏风。三楼是陈列室，有朱次琦及其弟子或再传弟子的作品集、遗墨（书法）和拓本。如今，朱九江纪念堂已被列为爱国主义教育基地，常年免费对公众开放。

十四、陈　澧

——集晚清学术大成的东塾学派创始人

在实行“学而优则仕”的科举制度的时代，无论是在政界还是在学界，要想成为呼风唤雨的名流显要，大都要取得“进士”的科举功名从而“一朝成名天下知”，没有这张“入门券”而获得成功的那真是凤毛麟角。但在广府先贤中，就有这样一位在晚清学术界大名鼎鼎的人物，他并没有“进士”的头衔，一辈子也没做过什么官，却位居当时广东最高学府学海堂的学长达27年之久，被誉为晚清学术的集大成者和百科全书式的学者。他虽然没有留下故居、坟茔等遗迹可供人们凭吊，却留下了数百万字的著作，其涉及面之广、学术水平之高，使得在学科分类明确的今天几乎找不到一个学者能够全部读懂。他一生73个春秋，几乎没有离开过广州，但他的名声却响彻全国，永留青史。他，就是陈澧。

陈澧（1810—1882年），字兰甫、兰浦，号东塾，又自号“江南倦客”。广东番禺（今广州）人。晚清著名学者、教育家。因少时读书于东厢书塾，晚年自题著作为《东塾读书记》，故学者尊称“东塾先生”。道光年间举人，早年受业于广东学海堂，先后受聘为学海堂学长、菊坡精舍山长。其学遥宗顾炎武，主汉宋调和，精于考据，在天文历算、地理山川、文字音韵、诗词歌赋、书法篆刻等领域多有建树，有《东塾读书记》、《汉儒通义》、《声律通考》等120余种著作。陈澧是清代最负盛名的近代岭南文化的代表

图50　陈澧像

人物，后人将他与明代广东大儒陈白沙并称为“岭学二陈”，是岭南文化的代表和骄傲。他跻身全国一流学者之列，被时人称为“东南大儒”、“岭南通儒”。他的学术成就超群，是“集晚清学术之大成”的“百科全书式”的学者，在中国学术文化史上占有重要的地位。《清史稿》有《陈澧传》。

（一）在乱世中艰难成才

陈澧生长于鸦片战争前后的大动乱时代。时运的不济不仅使他的成长缺少良好的社会环境，更使他痛苦的是，连续多次的科举均名落孙山，宣告满腹诗书的他官运多舛，只能以教书授徒为业。这反倒成就了他的事业，使他能够在科举和教书这两项最平凡的人生历程中，做出了文章学问千古传的不朽业绩。

1. 坎坷的科举道路

有资料称，陈澧的先祖为浙江绍兴人，六世祖落籍江苏江宁（今南京），祖父一代迁徙到广东。陈澧出生于番禺木排头，在今广州市海珠区北京路一带，宋代此处为珠江岸边，因常泊木排而得名。可惜的是，陈澧故居在民国时被大火烧毁无存。

陈澧少时家境平平，但自幼聪敏。7 岁入私塾从徐达夫先生读书，学习“四书五经”和唐诗等。9 岁能写诗作文，始读家藏《通鉴》，“日课一卷，一年而毕”。10 岁时父亲去世。道光三年（1823 年）应童子试，从此走上漫长的科举考试的道路。1826 年考取县学生员。此后，先后在广州的羊城书院、粤秀书院、粤华书院和学海堂等处读书，其中道光十四年（1834 年）入著名学者阮元督粤时创设的学海堂为专课生。可以说，是广东方兴未艾的书院学术氛围，为陈澧的学术打下了深厚的根基。1827 年他获恩科第一，1831 年举优行贡生，成为由学政与总督、巡抚联名向朝廷保举的本省优秀学生。道光十二年（1832 年）中举人，与卢同柏、桂文耀、杨荣绪并誉为“四俊”。1833—1856 年，先后赴京参加会试达七次之多，均名落孙山。

在科举考试的 19 年间，陈澧有过两次当官的机会。按照当时的举人“大挑”选官制度，三科以上会试不中的举人，挑取其中一等的委以知县职务，二等的委派教职。1844 年第五次落榜后，陈澧被选授河源县训导，他赴任仅两个月便借病回家。1856 年第七次会试落榜后，他又被挑选知县，但到班不愿出仕，从此彻底放弃了当官的念头。他曾称自己“处则师陶（渊明），出则师陆（贽）”，眼见仕途前景黯淡，只能放弃科举进士的初衷，申请改授京官虚衔，得授国子监学录，选择著书立说和办学育人的人生道路。

2. 忧国忧民的爱国情怀

陈澧生活于鸦片战争前后，他有着知识分子的社会责任感和中国人的爱国热忱，在鸦片战争前夕，就曾积极提出过设险以防、水师与水勇并重的反侵略军事战略思想，主张“中国兵强，乃能驱策四夷”。1857 年 12 月，英法联军攻陷广州，他举家避难南海县横沙村，还协助当地办团练御外侮。

作为诗人，他曾写下了《虎门观潮》、《得藕江书却寄》和《炮子谣》等爱国诗篇。其中，《炮子谣》是童谣式诗歌，揭露帝国主义在用枪炮侵略中国的同时，还用鸦片毒害中国人民的罪行。诗曰：“炮子来，打羊城，城里城外皆炮声。炮声一响子倒地，打墙墙穿打瓦碎，轻者重伤重者毙。”“请君莫畏大炮子，百炮才闻几人死？请君莫畏火箭烧，彻夜才烧二三里。我所畏者鸦片烟，杀人不计亿万千。君知炮打肢体裂，不知吃烟肠胃皆熬煎。君知火烧破产业，不知买烟费尽囊中钱。”当时林则徐读过陈澧蘸满激情写下的这首禁烟名诗，赞不绝口，甚至在广州发表的禁烟宣言中的名句“若鸦片一日未绝，本大臣一日不回”也是受到了这首诗的影响。

陈澧虽然是一个经学家，主要研究的是传统文化，并没有像梁廷枏等“睁眼看世界”的学者那样学习和介绍西方先进文化，但他的思想并不保守。他反对当时“以夷制夷”的论调，但赞成林则徐、魏源等提出的“师夷之长技以制夷”的主张。据《清史稿》记载，魏源还曾经根据陈澧的意见修改过《海国图志》。陈澧也曾回忆道光二十七年（1847 年）魏源来粤与他相晤，他当面质疑《海国图志》地理方面存在的错误，魏源“虚心受言”，“屡改《海国图志》之书”，两人遂成至交。

3. 担任学海堂学长

道光十四年（1834 年），陈澧入读学海堂。该学堂位于广州越秀山上，是由著名学者阮元督粤时于 1825 年创设的，是当时广东的最高学府。学海堂专重经史训诂，开设经史、诗文等课程，每人专攻一书，进行句读、抄录、评校、著述等研究工作。学海堂不设山长（即校长），只设学长约8人，负责指导诸生研究，并选录师生优秀文章，刊印《学海堂集》。学海堂还设置专课肄业生，由学长从学生中挑选成绩优异、志在实学、品行端正的10人作为专课肄业生。陈澧入读学海堂后，便成为学海堂第一届专课肄业生。1840年补授为学海堂学长，其后一直任职直至1867年，长达27年之久。咸丰七年（1857年）十一月，英法联军攻陷广州，学海堂毁于英法联军兵火，三年后侵略军退走，陈澧即返广州修葺被战火所毁的学海堂，邀集了张维屏、梁廷枏、谭莹、金锡龄、李应田等几十位学者名流，举行复课典礼，并各赋诗为纪。陈澧赋诗云："半天霞彩拥层峦，晓踏虚堂雨乍干。战后山余芳草碧，春来花似酒颜丹。去年此日乡愁黑，万紫千红泪眼看。难得故林无恙在，莫辞沉醉共凭栏。"学海堂在清光绪二十九年被废办，改为纪念阮元的阮太傅祠。

1867年，陈澧被聘为菊坡精舍山长。关于他在菊坡精舍的情况以及他创立的菊坡学派，后面还将一一介绍。

（二）集晚清学术之大成

陈澧的生平经历极为单纯，不过科举和教书二事，正如他自己所说的："生平无事可述，惟读书数十年，著书百余卷。"但陈澧在平凡的一生中做出了不平凡的事业，成为集晚清学术之大成的"百科全书式"的著名学者。他的著作数量巨大，涉及的领域广博，上海古籍出版社于2008年出版了由黄国声主编的《陈澧集》6卷本达250万字。

1. 调和汉宋的学术倾向

陈澧之所以能够成为集晚清学术之大成的学者，主要归功于他调和汉宋的学术倾向，使之具有扎实的朴学根基，又有论理思辨的深刻和开放。道光时期的中国学术文化正处于蜕变期，乾嘉考据学日渐走向衰落，程朱理学有所抬头，经世致用的风气逐步占据上风，而陈澧就是倡扬这一学风的代表人物之一。

（1）扎根学海堂。

陈澧作为一名传统学者，在清代乾嘉考据学派占据统治地位的年代，其学问的基础乃是朴学，他受学和任教的学海堂也是以注重训诂考据闻名。陈澧早期尊奉汉学，撰写了《切韵考》、《说文声统》等音韵学专著，《汉书地理志水道图说》、《三统术详说》、《弧三角平视法》等天文、舆地、历算类考据专著。散篇的考据文章也不少，如《明堂图说》、《深衣说》、《校毛传也字说》、《月令考》等。在晚年，陈澧也有许多朴学著作问世。

（2）学宗顾炎武。

陈澧以汉学为宗，但不囿于门户之见，不排斥宋学。陈澧阅读了王懋竑的《朱子年谱》，开始服膺朱子学，确立了兼采汉宋、通经致用和回归孔孟的经学观。他把顾炎武比作明末的孟子，继承了他倡导的考据实证方法。但他不是盲从，纠正了顾炎武忽视六经大义的偏颇，自称："由考据而致用，亭林之学也。由考据而明理，余之学也。讲义理必由考据，否则臆说耳，空谈耳。"（《东塾遗稿》）陈澧的经学思想核心为通经致用、经世济民，解经而兼采汉宋，读经以明道致用，最后会通汉宋，回归孔孟，倡导学术与治道的统一。有学者认为"某种意义上，陈澧亦可谓晚清之顾炎武"（谢寒枫《论陈澧经学观的形成》）。

（3）融合汉宋学。

中年的陈澧把研究的重点集中到经学和史学上。他重视通经致用，并调和汉宋门户之争，集汉代义理之说，他从1854年开始编撰、著述《汉儒通义》，1858年该书得以刊刻于世，最能代表陈澧的经学思想。该书论证了汉学与宋学门户之见毫无依据；提出不能以训诂（即汉学）和义理（即宋学）来衡量学术上的分野；主张打破汉宋的门户之见，而应互为补充，各取所长。

陈澧另一部代表性的著作是《东塾读书记》。该书初名《学思录》，始著于1858年。该书集萃了陈澧毕生治学的精华，将读书笔记按群经、小学、诸子、郑学、朱子类和历代史事等分卷论述。该书凝聚了陈澧的哲学、政治、历史等各方面的深刻见解，认为经学之要皆

图51　陈澧书法成扇

在《论语》中，以《论语》为五经之关键。认为清代考据之学源出朱熹，主张用宋学补充乾嘉考据之学。因该书基于考据学，体例仿照顾炎武的《日知录》，又主张汉宋融合，民国初期在中山大学任教的学者支伟成曾将《东塾读书记》隐比顾亭林之《日知录》，现代学者傅斯年曾把它列为青年学生了解清代学问的入门书。由于陈澧等学者的提倡和实行，沟通汉宋之学风，成为晚清学术界的一大潮流。

2. “百科全书式”的学者

陈澧集晚清学术之大成，学术博大精深，涉猎的领域众多，即便在现代，也需要有不同学科的人来共同研究。这里仅将陈澧广博的学问简要地归纳为社会科学和自然科学两类加以介绍。

（1）社会科学。

作为一名传统学者，陈澧在传统的文史哲方面有极高的造诣。从私塾的“童子功”到入读羊城书院、粤秀书院、粤华书院和学海堂，他曾受诸多名家的指导，成为传统人文社会科学的“通才”是不足为奇的。例如，他18岁起向张维屏学诗词，向侯康学经史；还得到张维屏的指导研读《四库全书提要》。其早年著作《切韵考》首次提出“反切系联法”，用双声、叠韵、切韵，把双声分为40类，还把全部汉语语音列表定位。《切韵考》影响巨大，被梁启超称为“绝作”。陈澧读凌廷堪《燕乐考原》时发现讹误甚多，便著《声律通考》十卷予以匡正纠谬，论述了律、调、谱、器等多方面的内容。他还有《说文声表统术详说》、《琴律谱》等声韵、音律学著作。他甚至根据阮元的《积古斋钟鼎款识》考证出荀“笛”的声位并制作出这支古笛，成为我国研究和复原乐器的先驱。陈澧的诗词有《陈东塾遗诗》及《忆江南馆词》各卷。陈澧本人最得意的作品是《汉儒通义》，于1854年开始编撰，四年后完成并刊刻于世。该书辑录了汉儒的经部之书而成，反映了陈澧的哲学政治观和历史观。在史学方面，他除了有《汉儒通义》、《东塾读书记》等经学、史学著作外，还著有《申范》一书，以丰富的史实考证出《后汉书》作者范晔谋反被处死是一起冤案，主张应为其平反，在史学界中独树一帜。

（2）自然科学。

难能可贵的是，作为一名传统学者，陈澧的自然科学知识也十分广博。一方面，中国传统的学术中就包含了大量的自然科学的内容，

如天文、历法、农学、中医等。但陈澧的自然科学知识显然超越了这些领域，尤其是在作为自然科学之母的数学方面，陈澧具有较大的成就，是当时著名的数学家。他于1832年中恩科举人，即随梁汉鹏学数学。20年后他刊刻的《弧三角平视法》等，即当时的习题集。在地理学方面，陈澧曾指出魏源的地理名著《海国图志》中许多不实之处，深得魏源敬服而一一改正。当时著名的数学家邹伯奇出版《学计一得》、《格术补》、《地图》等科学著作，也请陈澧作序。陈澧还用欧几里得《几何原本》来参核《墨子》中有关数学的问题，写了《读墨子》。他考证了我国最早的历法，即汉代“三统历”，著《三统术详说》。他著有《水经注西南诸水考》，纠正了《水经注》在温水、浪水、若水、淹水、沫水、青衣水、叶榆水、存水等水系地理状况方面的讹误。他还著有《水经注提纲》、《禹贡图》、《汉地理志水道图说》等地理学著作。陈澧精研自然科学，理性对待西方科技，也可列入最早“睁开眼睛看世界”的先进知识分子之列。

（三）东塾学派辉映岭南

清同治六年（1867年），广东官运使方子箴与中丞蒋香泉，将位于越秀山西边的长春仙馆改建为菊坡精舍，聘请陈澧担任该书院的山长。陈澧年轻时当过家庭教师，中年至晚年先后在学海堂和菊坡精舍讲学，从事教育事业数十年，培养了大批人才。尤其是菊坡精舍几乎是他个人的讲坛，学海堂和菊坡精舍服膺他的弟子众多，形成了晚清时岭南著名的东塾学派，不仅在岭南的文化史上占据重要的地位，也对整个中国和近代文明史产生重大的影响。

1. 菊坡精舍的教育方式

陈澧确定菊坡精舍的校训是“行已有耻，博学于文”。其办学宗旨受学海堂的影响，“如学海堂法”，“吾不自立法也”（陈澧《菊坡精舍记》）。“行已有耻，博学于文”，继承的是顾炎武的教育思想，注重培养学生的德育和智育并重发展。陈澧将实学推行于菊坡精舍的教育理念之中，主张科举改良，认为办学的目的不是为了科举，而是为了通经致用，培养有用的人才。

因此，在教学方法上，菊坡精舍也效法学海堂。陈澧摒弃当时以科举为主导的教学方式，像学海堂专课肄业生专研一科那样，以孔门四科进行分科教学，要求门人于经、史、子、集四科当中，拣选与其性情相近的一科从事专门的研究，做到“人通一经之学”。菊坡精舍还仿《学海堂集》，选录学生优秀文章刊印《菊坡精舍集》。

与学海堂有所不同的是，“学海堂一岁四课，精舍一岁三十课”，而且学海堂有学长多人，菊坡精舍则专由陈澧讲学。陈澧每次升堂讲学，听讲者达数十人。其师承关系也极为密切，从而形成了独树一帜的“东塾学派”。

光绪七年（1881年），陈澧已过70岁，两广总督张树声、广东巡抚裕宽以他“耆年硕学”上奏，旨赏五品卿衔，褒其“稷学敦品”。光绪八年（1882年），陈澧病逝于菊坡精舍山长任上，享年73岁。弟子们将他葬于大东门外蟠龙冈，并在菊坡精舍西边辟祠祭师。陈澧的书稿大部分由弟子收集编入《东塾集》、《东塾续集》中，未刊刻手稿后多藏于中山大学。《清史稿》为其立传。

2. 东塾学派的弟子

陈澧在学海堂和菊坡精舍讲学数十年，弟子众多，其中可列为“东塾学派”人物的包括桂文灿、赵齐婴、胡伯蓟、陶福祥、陈树镛、汪兆镛、徐灏、文廷式、于式枚、梁鼎芬等。史载“士人出其门者，率知束身修行，成就甚众”，其学术影响一直持续到民国以后。例如，文廷式，曾任翰林院编修、国史馆协修；于式枚，曾任礼部侍郎、邮传部侍郎、学部侍郎、国史馆副总裁；梁鼎芬，曾任翰林院编修、湖北按察使；汪兆镛，曾任学海堂学长；谭宗浚，曾任翰林院编修、四川学政；廖廷相，曾任广雅等书院山长和学海堂、菊坡精舍学长，编辑《菊坡精舍全集》共20卷，收集从1867年菊坡精舍创办起，至陈澧逝世前一年的15年间的历年学生所作文章的精品，该书于1897年刊行于世。

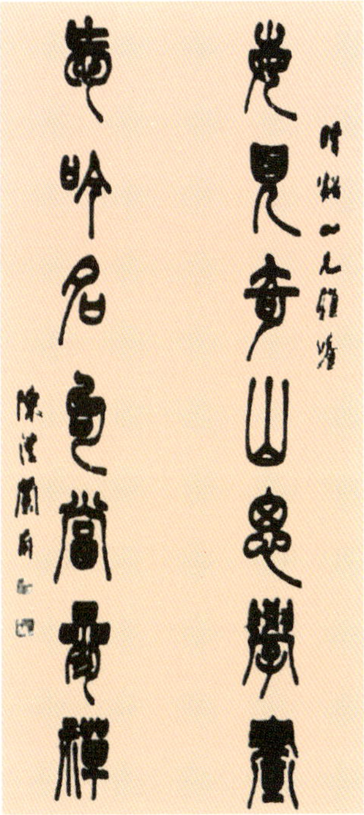

图52　陈澧的篆体对联立轴

3. 东塾学派对岭南文化的贡献

曾任粤抚的郭嵩焘将陈澧喻为罗浮山，谓到广东不见罗浮山不以为憾，而未见陈兰甫最为可惜。的确，东塾学派诞生于岭南广府，最有广府特色。陈澧研究了大量有关广府文化的问题，《菊坡精舍全集》收入的门人弟子的文章中也有许多关于广府方物、古迹、人情风俗等内容的记述，东塾学派对广府文化、岭南文化作出了重大的贡献。

在他一生中，陈澧除了上京赶考和担任了两个月的河源训导外，其余时间都在广州。他对广州最为熟知，许多记述十分具体和生动。例如，他在《荔湾话别图序》一文中生动地描述了当年荔枝湾的湖光水色、亭台楼阁的优美风景："晨出永清门，乘紫洞艇，抵荔枝湾，泊海山仙馆，入门，步长廊，坐池上之堂。"《菊坡精舍全集》卷十六中有：浴日亭观日出歌、六榕寺浮屠、南海神庙鼓歌等古迹的描述，卷二十中有关于广州每年一度的新年花市的首次记载："双门（今广州北京路省财政厅前一带）花市走幢幢，满插箩筐大树侬。道是鼎湖山上采，一苞九个倒悬钟"，反映了当时新年花市的热闹景象。陈澧对广州方言和音韵的研究成果卓著，其所著《广州音说》为史上最早研究广州方言的著作，论述广州方言的特点及其源流，认为广州方言的音调合于隋唐韵书切语，乃千余年来中原之人徙居广州而保留的"隋唐时中原之音"，这是他的一个重大发现。该文被作为多个省市的高中语文阅读教材，影响极大。再如，同治四年（1865 年），陈澧应两广总督瑞麟、广东巡抚郭嵩焘之聘，与学生赵齐婴一起进行艰苦的测绘，搜集了大量的资料和数据，绘制成经纬度与比例尺寸精准的《广东图》20 卷及资料详尽的《广东图说》90 卷，在当时处于我国绘图学的领先地位。陈澧还主编了《香山县志》，参加了《番禺县志》的编纂工作。尤为重要的是，陈澧创立东塾学派，表明广府文化、岭南文化在学术上已经是自成系统，独具特色，且能与其他学派分庭抗礼，在学术界中占有重要的一席之地。因此，陈澧是广府文化、岭南文化的守护者和光大者。

陈澧作为与明代广东大儒陈白沙并称为"岭学二陈"的著名学者，在学术上有极为崇高的地位，受到人们的尊敬。钱穆在《中国近三百年学术史》中，对陈澧主张汉宋调和的思想颇为欣赏。陈寅恪在冯友兰的《中国哲学史》审查报告中也对陈澧的学术研究有所称道：

“陈兰甫在清季以考据观念，而治朱子之学，皆有所创获。”钱钟书甚至认为不讲陈澧则无法总结清代的考据学。王元化则叹息陈澧之论虽精，但“风尚所偏，终为所掩”。的确，陈澧毕竟只是个学者，如果说当年曾国藩称“服其精博”，张之洞也说出现东塾学派“流衍中原”的潮流，但今天无论从老百姓或是官员甚至学者之中，都已经难觅几个了解陈澧其人其事者，最多只会在脑海里浮现一个皓首穷经的书生形象。本书记述他的生平和事迹，就是要大家不能忘记这位重要的广府先贤。

十五、邹伯奇

——由传统跨入现代的科学家

在现代社会，照相机早已在城乡普及。手机上配置的摄像功能，更使得人们随时随地拍照成为现实。然而，大多数人可能不知道，中国照相机的鼻祖，是广府先贤邹伯奇。是他几乎与世界照相术的发明同步，制作了中国第一部照相机。让人惊叹不已的是，一百多年前他照相留下的玻璃底板，至今仍然能够冲洗出清晰的相片。更了不起的是，在当时落后的中国，他是少数几个全国知名的数学家之一，并将数学应用于光学、天文、地理、物理、化学乃至金融和经学等多个领域，被人们誉为“百科全书式的学者”。他集中国传统科技之大成，同时又以数学为基，实验为本，荟萃中西科技精华，使中国的自然科学从传统向现代跨越，而他成为实现这一跨越的代表性人物。

图 53　邹伯奇自照相

邹伯奇（1819—1869 年），字特夫，号一鹗，广东南海黄岐镇泌冲人，清代自然科学家、教育家。长年活跃在广佛两地，担任学海堂学长。他在数学、物理学、光学、化学、天文学、地（理）学等方面都有骄人的成就，在技术制作方面有颇多发明，创造了不少“中国第一”，在人文社会科学方面也有不凡的造诣，被誉为中国照相机之父、百科全书式的学者。著作有《邹征君存稿》、《邹征君遗书》等。

（一）特立独行醉心科学

在儒家文化占统治地位的传统社会里，自然科学不受重视，学子士人大都靠读四书五经走科举之路获得功名利禄。邹伯奇的兴趣却是在自然科学上，他有着特立独行的品行，有勇于怀疑的精神，有发现问题、思考问题和解决问题的执著，有不为名利所动，“咬住青山不放松”的坚韧不拔的毅力。而这些，正是一个自然科学家所应具备的基本素质。

1. 深厚的家学渊源

邹伯奇的家族是广东南海泌冲的名门望族。而泌冲的邹氏宗姓是在宋代迁居于此并发展起来的。据邹伯奇考证，宋代大臣、著名诗人、文学家邹浩（1060—1111 年）是泌冲邹姓的上祖，遭革职羁管新州（今广东新兴县），其后代辗转迁至泌冲，邹伯奇自称是邹浩的二十三世孙。邹伯奇在重版《道乡集・跋》中曾作过详细的叙述和考证：“伯奇族居南海泌冲，谨按谱牒系出邹忠公之后。忠公南迁雄州，李君鸿以弱女事忠臣，遂生季子讳‘相’，及忠公归常州，相与母留处雄州，生三子。其仲讳继孔，即吾族始迁之祖也。”邹伯奇曾用过的一枚印章上刻有：“邹道乡之苗裔，我王考曰伯奇。”

1825 年，邹伯奇 7 岁入学于本村私塾，学习《朱子集注》和算术，10 岁时在外祖父指导下学习《周易》、《九章算术》和《周髀算经》。到了 11 岁，邹伯奇师从数学功底极深的藏书家、进士梁序镛，研习《三统术》、《弧角设如》、《弧三角举如》等当时难得一见的古籍珍本。20 岁时研制出数学工具“比例规”和“度算版”。1839 年，他参加广东学政戴熙主持的南海督学考试，成为秀才。1857 年，他被推举为广东著名学府“学海堂”的学长。

2. 特立独行的品行

邹伯奇以其字其号，表明了他特立独行、志存高洁、不同流俗的特质。“千人之诺诺，不如一士之谔谔”，这种敢于打破陈规、标新立异的创新精神，是现代科学最为可贵的品格。他以其一生及杰出的成

就，诠释了这种特立独行的创新精神。

邹伯奇从小就对周边的事物具有强烈的好奇心。他天生好学，勤于思考，有着探究自然的浓厚兴趣。邹伯奇的好友、当时著名的学者、曾任学海堂学长数十年的陈璞曾这样赞誉邹伯奇：“读书遇名物制度，必穷昼夜探索，务得其确；或按其度数，绘为图、造其器而验之，涣然冰释而后已，故其解识多前人所未发。”17 岁时，邹伯奇就思考“格术”，从《梦溪笔谈》的塔倒影与阳燧倒影同理中，开始对透镜成像的研究发生兴趣，初步制作出“取景器”，于 1844 年制造出“摄影器”，后又改进成照相机。这种好奇心引发的好学慎思，使他成为一个科学家。好奇心是科学研究的原动力，是科学之母，是科学精神的核心。无论古今中外，科学家的诞生往往源自对周边的世界，甚至对不可知的宇宙的强烈的好奇心。

图 54　邹伯奇自制的观象仪

3. 勇于怀疑的精神

怀疑精神是科学探索的起点之一。科学史告诉我们，对现成的理论、定律和权威进行诘问和怀疑，才能成就杰出的科学家。哥白尼怀疑托勒密的地心说而提出日心说，达尔文怀疑神创论而提出进化论，爱因斯坦怀疑牛顿的绝对时空观而创立相对论，马克思也曾喜爱“怀疑一切”的箴言。邹伯奇的科技发明和制作也是从怀疑开始，他怀疑传统学术中由于许多学者数学不精，使得错漏百出，于是用自己的数学专长对传统学术的错误和疑义进行了纠正。更为惊世骇俗的是，他在 140 年前传统学术占据统治地位的时期，就对最权威的经典《周易》提出批评，说：《易经》以卜卦推世治运“最无道理”，64 卦“卦变”的几率有常遇的，有罕遇的，卦相同而“治”、“乱”之世却又极不相同，因而《易经》经不住推敲。而这种批评在一百多年后，诺贝尔奖得主杨振宁旧话重提，把矛头直指《易经》，说《易经》影响了中华文化的思维方式，有归纳法而没有推演法。《易经》推崇的“天人合一”观念将天道、地道与人道混为一谈，限制了人们对自然规律的认识。邹伯奇还认为《墨子》已含有算术、光学、重学等学说，并推断西学源于《墨子》。这些观点虽有不妥之处，却充分反映了邹伯奇是一个勇于创新求奇的科学家，而这种特立独行的科学精神，正是我们今天需要弘扬的。

4. 坚韧不拔的毅力

1839 年林则徐在虎门销烟后，英国于 1840 年发动侵华战争。一些人借迷信来反对禁烟，说禁烟那一日太白经天，是干戈不绝、战火连绵之兆。邹伯奇是一个唯物主义者，坚持无神论自然观。他从不迷信，以自己掌握的科学知识来解释自然现象，帮助人们破除封建迷信思想。邹伯奇在南海学宫谈艺时对迷信观点进行反驳，指出星变与灾祥风马牛不相及，星体的运动是有规律的，明年 7 月太白肯定又经天。而且还手绘了一张图给朋友看，指出金星会在哪个方位出现。第二年事实证明果然是那样。

邹伯奇一生视功名利禄如粪土。他的学识和人品，得到清廷官员的重视。1864 年，主张开办洋务的改革家郭嵩焘出任广东巡抚，成立广东地图测绘局，邀请邹伯奇负责测绘事务，却遭到邹伯奇的婉言拒绝。曾国藩也曾邀请邹伯奇到他在上海创办的近代第一个军工企业——江南制造总局任职，校订所翻译的西方科技著作和招收门徒讲授数学。邹伯奇婉言谢绝：“我是一介书生，学识疏浅，地位低下，对军事一窍不通，我起不到什么作用啊。”北京同文馆增设天文、数学等科，1866 年、1868 年两次聘请他任教习，邹伯奇均托病推辞。由于两次都是由同治皇帝下圣旨征，召邹伯奇赴京而不就，邹伯奇被人们称为“征君”。

邹伯奇生于清朝末期，当时内忧外患，战争不断，中国因为经济和科技的落后被西方国家欺凌。邹伯奇立志从事科学技术的研究，视科学研究为使命，潜心钻研科学，一生献身学术，这种为科学献身的精神永远值得我们继承和发扬。

（二）数学为基实验为本

邹伯奇能够成为一个博学多才的“百科全书式”的学者，而且之所以是中国传统科学跨入现代科学的转型期代表人物，得益于他掌握了现代科学的两把钥匙：数学和实验。他是中国历史上难得的将这两者紧密结合起来的自然科学家。李约瑟曾追问中国的四大发明一度领先世界，为什么中国传统科技在明代以后就落伍了？对比西方科技，

中国传统科技就是缺乏数学与实验的结合，由此可以看出邹伯奇在中国科技史上的贡献和地位。

1. 数学为基

邹伯奇的传统科技思想受数学的影响最大，他在方方面面取得的成就，都得益于其数学成就，他的学术以数学为根基。把数学当作通用语言和工具，正是现代科学技术的一个特征。

在儒家经学占统治地位的年代，让邹伯奇在学界得以成名的是，他用数学知识纠正古籍和当时经学名流的错误，如订正春秋经传、三礼制度等群经注疏在天文历算方面的谬误，凡是遇到与数学相关的疑难问题或疏漏之处不能解决时，邹伯奇都用他的“杀手锏”一一化解，这在当时的学术界是独一无二的。《南海县志》称他“尤精于天文历算，能萃中西之说而贯通之，为吾粤向来名儒所未有”。

邹伯奇将数学应用于自然科学乃至社会科学的各个学科，从而成为一名“百科全书式”的科学家。现代科学的特征，正是将数学作为其他学科领域的基础，视数学为科学之母。现代科学的综合性，也正是由于数学的应用而得以成型。邹伯奇坚信数学演绎的重要性，强调对事物的探究不仅要“知其然”，更要“知其所以然”，因而凡事“皆以数学权衡之”。如果说《梦溪笔谈》的作者北宋科学家沈括只是用经验和方法进行自然现象的描述记载，那么，邹伯奇的《格术补》等著作则是用数学公式来揭示规律，探究“所以然”。令人惊奇的是，他的数学推断与享誉世界的西方自然科学巨匠牛顿、高斯等人给出的数学表达式几近一致。即便他制作照相机、眼镜、望远镜、显微镜等光学仪器，也是用数学来解释其工作原理。他在晚年阐述数学的重要性时说，运用数学研究其他学问，“如华严楼阁，弹指即见”。邹伯奇研究专家、中国社会科学院哲学研究所王维研究员评价说：“邹伯奇最光辉之处是开了用数学衡量一切的先河，认识到科学的本质是数学”，“邹伯奇有个极重要的观点，就是‘历算必善测量，测量必资仪器，而制器精巧，与西人所称重学、光学、化学相连’，这是中国古代学问家们达不到的境界”。

据报道，2009 年 7 月，邹氏后人将邹伯奇手稿复印件送到中山大学数学教授陈树坚家中。陈教授经连日研究后向邹氏后人连说了三个“妙”字。“这些手稿其实是邹伯奇在学海堂讲课时的教案，里面的注解就是他的解题思路，由于当时 ABC、123 都还没传入中国，邹伯奇均用汉字和古文标示数学公式。邹伯奇对代数、对数以及几何均有很高造诣，而且不少解法在现在看来也非常有创意。”陈教授还特别留意到邹伯奇在运算的时候经常是精确到小数点后 16 位，“现在一般的计算器都不能算到小数点后 16 位，就算是人手运算也十分困难，后来从研究他的对数解读中发现，他的运算思维其实相当科学，按照他众多算例提出的计算步骤，可以编制出现代计算机程序，而且运算结果竟然一致，说明他的思维与计算机高度一致”。在 2009 年南海泌冲召开的邹伯奇诞辰 190 周年学术研讨会上，陈教授还带了几本全国统编的大学现代数学教材，他翻开书本，一一指出哪些是邹伯奇曾经研究过的内容。邹伯奇用中国传统数学语言阐述的数学问题，居然与现代数学公式推导的结果一模一样，而其算法甚至更加简便。

2．实验为本

李约瑟在谈到中国发达的古代科技为何在明代以后让位于西方时，曾经分析认为，因为西方从古希腊亚里士多德那里就产生了系统的形式逻辑，文艺复兴以后又产生了实验科学，逻辑和实验成为科学的两个车轮，使之从古代走向了近代和现代。邹伯奇可以说是中国传统实验科学家的代表。

在中国传统文化里，一直存在着两条治学的道路：一条是以墨家、道教为代表的经验技巧的学术传统，如道教的炼丹术，开启了中国的实验自然科学，显然，邹伯奇传承的是这一传统；另一条道路是经院哲学的道路，学者们多重视注经考据，不注重动手制作，把治经当作是学问的最高殿堂，而技艺则视为“下学”、“小术”，甚至被斥为“雕虫小技”、“淫巧”。到了二程、朱熹那里，他们把具有唯物主义倾向的格物致知，置换成了理学的见物穷理，说什么“今日格一物，明日格一物”，日积月

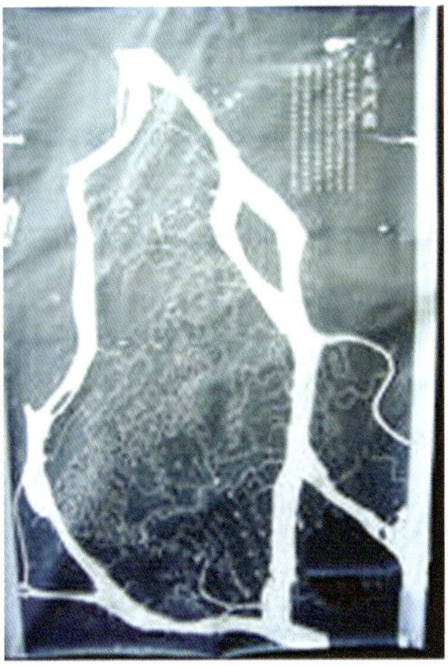

图 55　邹伯奇指导绘制的浔冈洲地图

累，自然豁然开朗。因此，明代的王阳明年轻时在他父亲任职的官署整天“格”竹子，一无所获，最后创立了心学，而明末的阳明后学还走上了空寂之学的死胡同，影响了中国古代自然科学的发展。邹伯奇的思想是重视实验科学的实学，他非常惋惜儒生们都不读《考工记》之类的书，只做谦谦君子，视动手制作为最没颜面的事，古代的技艺日渐消失，使得中国的科技落后于西方，为现在的西方人所耻笑。

这位一百多年前的科学家做过的科学实验，其实比马克思赞誉的“实验科学的始祖”培根要多得多，他制作的照相机，在抗战时期还展览过。他制作的玻璃底版自拍像虽然已过去一百多年，中国科学院自然科学史研究所戴念祖研究员还能把它洗印出清晰的照片来。晚清的中国学术界对哥白尼的日心说尚有争议，而邹伯奇 17 岁开始研究光学，1844 年成功研制出中国第一架用于测绘、摄影的照相机——“摄影之器”。1847 年他又制作出以太阳为中心的“七政仪”，形象地演示了太阳系各大行星怎样围绕太阳运行。他还制作了观象仪、浑球仪、望远镜、显微镜、指南尺、自鸣钟等，有的已保存下来被博物馆收藏。邹伯奇在显影水、留形水方面的配方制作，与当时西方发明的大大不同，用的是鸡蛋清和岭南人洗衣服的植物榨汁。我们可以想象，要寻找到这样的配方，该进行多少次实验去摸索。从邹伯奇以数学为基、以实验为本的学问格局来看，他虽然是一个中国传统的科学家，但却有着近代乃至现代科学的意识，他的思想已经跨越了古代，走进了近代，影响到现代。

（三）尊师重道鞠躬尽瘁

邹伯奇具有尊师重道的高尚的科学道德观和正确的科学价值观。这不仅是科学家的基本素质，也是科学大师的风范。

1. 尊师重道

邹伯奇做到了“吾爱吾师，吾更爱真理”，将坚持科学的真理性追求与践履做人的道德结合起来。以邹伯奇坚持日心说为例，当时反对日心说最为激烈的学者要数阮元和戴熙。阮元坚守传统的“天动地静”说，攻击哥白尼学说是“离经叛道，不可为训”，甚至作出令人啼笑皆非的比喻，说“地体浑圆，居天之中”，犹如“以豆置猪膀胱中，气满其内，则豆虚腾而居其中”。戴熙则专门著书《圆天新说》，抨击哥白尼学说。虽然阮元、戴熙与邹伯奇的学术观点不一，但这两人却是他的恩师。1839 年，21 岁的邹伯奇参加了南海举行的督学考试，时任广东学政的考官戴熙对他的应试文章极为赞赏，称其“于声音文字度数之源，无不洞达”。而两广总督、人称“一代经师、学界山斗”的阮元则是学海堂的创办者。阮元去世后，英军炮火击毁了学海堂的藏书楼，时任学海堂学长的邹伯奇不因学术相歧而忘记恩师的功德，把重建的藏书楼改名为“阮太傅祠”，以纪念这位创始人。恩师戴熙被太平军杀死后，学海堂重建被英军炮火所毁的“此君亭”。这三字匾额原由戴熙所题写，重建“此君亭”后，邹伯奇按原样重新刻匾，悬挂在亭上，以纪念恩师。

2. 鞠躬尽瘁

邹伯奇的传统科技思想并不只是“术”，而是已经升华为“道”。他的自拍照片题诗的最后一句曰“乐道织纤尘”。邹伯奇所乐的“道”就是爱国主义情怀和科学精神，是科学之道和为人之道。1865 年，他受聘主持测绘《广东沿海地图》。南海地处珠江三角洲，是当时最早遭受西方列强侵略和掠夺的地方，清政府屈服于列强的坚船利炮，动辄割地赔款。邹伯奇深知绘制地图、测量山川河海的重要性，他深深地热爱祖国，想用自己的科学知识来保护好祖国这片土地。他既不为举荐当官的名利所诱惑，又没被实地测量和绘制地图的艰辛所吓倒，跋山涉水，风餐露宿，绘制出《皇舆全图》（即中国地图）总图 1 幅，分图 66 幅，主持测绘《广东沿海地图》等大量图册。

1869 年，年仅 50 岁的邹伯奇卒于广州南海学宫修志局。一些文献称邹伯奇无疾而终，其实他应当是劳累而死，是以其生命融入了科学的大“道”。邹伯奇所乐行的“道”，转换成现代语言，升华其内涵，正是从古代优良传统到人类现代文明一脉相承的科学精神，是高尚的科学道德观和正确的科学价值观，这就是我们要追寻的邹伯奇传统科技思想的现代性意义所在。

广府先贤邹伯奇已离世一百多年了。可惜的是，由于我们对古代科技人物重视不够，对邹伯奇的宣传欠缺，以至于很少人知道邹伯奇的名字。我们现在追思这位中国近代科学的开拓者，必然会追问：这位生活于一百多年前的历史人物，到底有哪些值得今人缅怀和学习的地方？概而言之，邹伯奇是中国传统科技的代表人物，秉承了“格物致知”的实学传统，他的代表性著作之一就是《格术补》，他的学术涵盖了数学、光学、天文、地理、物理、化学等多个领域，是个“百科全书式”的科学家，在社会科学方面也颇有建树。邹伯奇的科技思想和成就是传统的，但却冲破了古代科学的藩篱，在实测、实操的基础上初步形成了对自然界的规律性认识，取得了自然科学多个领域的类似于近代科技的成就，他的科技价值观和方法论已进入现代科学的范畴。尤其是从其思想精髓来分析，邹伯奇的传统科技思想的现代性十分明显，蕴含了现代科学精神，是我们应该继承和发扬的宝贵财富。梁启超早在《中国近三百年学术史》一文中就曾经说过：“特夫（邹伯奇的字）自制摄影器，观其图说，以较近代日出口精之新器，诚朴可笑。然五十年前，无所承而独创，又岂可不谓豪杰之士耶?”在今天，全球最大的数码相机生产基地普立华就在距邹伯奇家乡南海泌冲不远处的佛山张槎，虽然我们已经看不到邹伯奇研制的被誉为中国第一架自行制作的照相机，但可以推断，与以普立华为代表的现代数码相机相比，一个质朴一个精巧，可称是照相机发展历史的两极。我们站在历史的这一头，遥想历史的那一头，并不是简单地发思古之悠情，而是要总结这位豪杰之士在世界科技史上所站的高度。我们纪念这位广府先贤，就是要以先贤点燃的星星之火为火种，形成科技兴国的熊熊烈焰，焕发出世界强国的科技之光。

图 56　邹伯奇铜像

十六、陈启沅

——中国缫丝民族工业第一人

鸦片战争以后，广府文化已经由“得风气之先”发展为“开风气之先”、“领风气之先”。这一时期的广府思想界非常活跃，而经济领域也涌现出一批中国最早的民族实业家，如张之洞在两广总督任上开办兵工厂，陈启沅在南海简村创设继昌隆缫丝厂，张弼士创建张裕葡萄酿酒公司，郑观应则从买办转变为民族实业家。这几位工商业人士都被列入“南粤先贤馆”的 56 位先贤之中。由于篇幅所限，在这些工商业人士中，本书选取了中国缫丝民族工业第一人陈启沅，向读者作一个介绍。

陈启沅（1834—1903 年），名如瑯，字芷馨，号启沅，晚年信佛后号息心老人、息心居士。广东南海西樵简村人。我国杰出的民族企业家、中国近代工业革命的先驱者、中国缫丝民族工业第一人。因在家排行第七，时人尊称他为“陈氏七子”。青年时代随兄赴越南经商，致富后回到家乡，冲破重重阻力，兴办了我国第一家民族资本经营的机器缫丝厂——继昌隆缫丝厂，开启了中国民族工业的先河，极大地推动了中国缫丝业的发展。他乐善好施，热心公益，具有儒商风范。著有《蚕桑谱》、《理气溯源》、《周易理数会通》、《陈启沅算学》，内容涉及农业、物理学、易学、文学等领域，被后人称为“岭南奇人”。

图 57　陈启沅像

（一）爱家乡回国办厂

中国是世界著名的丝绸之国，华夏即“冕服采章曰华，大国曰夏”。而广府地区有养蚕缫丝的传统，陈启沅的家乡南海，处珠江三角洲腹地，开创了“塘养鱼、堤种桑”的桑基鱼塘传统农副业模式。然而，鸦片战争之后，中国传统的缫丝业受到西方近代工业的巨大冲击，陷入困境，日渐衰落。当时广东南海顺德一带盛产蚕茧，但因制造方法落后，在国际市场上中国生丝竞争不过洋丝。陈启沅 20 岁时随兄到越南经商，38 岁抱着“还哺祖国”（陈启沅语）的心愿和热忱回到家乡简村投资，创办的继昌隆缫丝厂作为中国最早使用机器的民族资本工业，拉开了中国民族资本主义发展的序幕。

1. 孤贫好学目力过人

陈启沅出生于一个耕读传家的普通农民家庭，父亲陈缉斋是乡塾“乐耕堂”的教书先生，过着半农半儒的温饱生活。但在陈启沅未成年时，父亲已经去世，家境渐渐困苦。曾两次应童生试，均名落孙山。于是他放弃科举，在村中一边教私塾，一边以农桑养殖为业。

陈启沅好学，对于诸子百家，天文地理，均博学强记，知识丰富。他志向高远，其字芷馨，意取屈平的《九歌 · 湘夫人》的“沅有芷兮澧有兰，思公子兮未敢言”。清宣统二年《南海县志》载：“陈启沅少孤贫而好学，凡诸子百家、星学舆地诸书，无不涉猎，尤精易理，性复颖悟，目光绝伦，深夜处暗室中能辩五色，曾以一麻子写百余字，一折扇写字汇全部，均楷法遒劲，行气整齐。工绘事，尤善作蝴蝶，飞跃传神，以显微镜窥之，则蝶之两须，乃两绝句缀成，其裙翅皆韵语也。自刻小章径仅二分，中容百余字，见者咸以多才之士评之。”因其排行第七，且又有此目力，故常被乡人称为“鬼眼七”。他曾把一部五六万字的《康熙字典》完整地抄在一把普通纸扇上，一般人要想看清字迹笔画，非得用放大镜不可，据说这把折扇目前仍保留在香港汇丰银行的保险柜里。

但陈启沅并不满足于这些雕虫小技，他决定外出谋生，闯出一番事业。

2. 远赴越南谋生致富

陈启沅的二哥陈启枢因得到岳父的资助出国到安南（今越南）谋

生，稍有积蓄，于1854年回国时带陈启沅同往越南。陈启沅在那里佐兄料理商务，他们先经营怡昌荫字号，从事纱绸买卖，兼营杂货。有了本钱就做当铺生意，承办了堤岸怡丰饷当。两兄弟经营有方，历十余年后，成为当地华侨富商。

因开拓纱绸业务的需要，陈启沅到南洋各地考察时，特别留意各地的缫丝技术。他在暹罗（今泰国）、缅甸等地考察工业，“遍游各埠，考求机器之学”，研究利用蒸汽机进行缫丝生产的工艺，萌发了回国办工厂的念头。经过比较，凭借商人的敏锐，陈启沅发现法国人的缫丝厂是最能赚钱的，其秘诀就是，法国人用的是机器缫丝，与手工缫丝相比，虽然原料一样，但产品不同，机械缫丝远比手工缫丝优越。于是，他立志要把先进的缫丝技术带回祖国，改变家乡丝织生产的落后状态。

1872年，陈启沅卖掉在越南堤岸广东街的物业，携资数万银元回国。他先到苏、浙、沪等地对缫丝进行考察，最后决定回到自己的家乡简村。他意识到家乡的种桑养蚕兴盛，有机械缫丝的原料和市场基础，决心改革家乡古老落后的手工缫丝技术，振兴家乡的丝织业，将家乡的桑蚕缫丝业做大做强。

3. 创办继昌隆机器缫丝厂

陈启沅回到家乡开办的企业取名“继昌隆缫丝厂”，没有官府的支持，没有洋人的资金，第一次投入的总资产达1万两银子，其中7 000两购买设备和建造厂房，3 000两为流动资金。厂址选定位于简村陈氏大宗祠前方约500米处（今恒辉印厂附近一带的地方）并加紧建设。设备方面，陈启沅在越南买了一台外国旧轮船的发动机，改装成缫丝蒸汽机，其他部分自行设计。他效仿在越南的法国式缫丝机器，亲手设计绘制了两套机器图样，到广州十三行的同邑人开办的陈联泰号铺子制造。经过八九个月的奋战，解决了缫丝机的改造与装置等

图58　继昌隆缫丝厂的一个包装车间

事宜。全部设备包括蒸汽锅炉、缫丝车和丝釜，这些都由当地制造，其中丝车改为木制，丝釜改用陶制，仿制了法国式（共拈式）缫丝机。他亲自主持厂房以及包括锅炉、蒸汽炉、贮水器、缫丝机、焙茧室在内的各种设备的设计、制造和安装调试。同时，陈启沅在简村和附近的吉水村一带就近招收男女工（以女工占大多数）数十人，亲自给这些新工人教授“仿西人缫丝之法”。经过一番紧张的筹建，继昌隆缫丝厂于1873年正式投产。

中国传统缫丝多是在家庭中进行，用大锅以炭火加温煮茧，将茧翻转一两遍，视茧软浮、丝松散后缫丝。这种方法相当落后，容易造成生丝粗细纤度不匀均，所以外国人认为中国生丝不符合机器丝织业的要求。陈启沅对手缫工艺的最大改进是把炭火加热煮茧变为蒸汽锅炉加热煮茧，手工缫丝改进为机械操作。陈启沅总结机器缫丝带来劳动生产率的提高时说：“旧器所缫之丝，用工开解，每工人一名可管丝口十条，新法所缫之丝，每工人一名，可管丝口六十条，上等之妇可管至百口。”此外，继昌隆缫丝厂生产的生丝，称为“厂丝”、“洋庄丝”，同传统的手缫土丝比较，在色彩、捻度、条份、匀度、理绪、净度和装束成形等方面，都大为优胜，较法国所产之丝也毫不逊色。因而，在外贸市场上，继昌隆机械缫丝产品竟比手工缫丝产品价高出三分之一，远销欧洲和东南亚。“厂丝”畅销价好，越来越有吸引力，许多人纷纷前来学习机械缫丝技艺，开办机械缫丝厂。建厂后的头三年，从附近到继昌隆缫丝厂学艺的就达一千多人，仿继昌隆样式而设立的缫丝厂有四家。1876年，恰逢欧洲气候不佳，意、法等国蚕茧严重歉收，洋商们争先恐后来华采购生丝，一时间丝价狂涨，继昌隆和其他缫丝厂也在这一年获得了厚利。1881年，南海、顺德的机械缫丝业迅猛发展起来，仅西樵山下就办起了机械缫丝厂10家。

（二）破阻力振兴实业

继昌隆缫丝厂用机械缫丝是中国民族资本经营近代机器工业的肇始，在当时的中国还是个新生事物。由于陈启沅既没有官方背景，又没有洋人投资，同时又采用与传统手工缫丝不同的西方先进的机械工艺，因而面临着来自官府、洋人和传统势力等多方面的阻力。中国民族实业是在艰难险阻中破茧而生的，由此也可以看出广府先贤陈启沅的非凡胆识和勇往直前的奋斗精神。

1. 消除村民有关工厂破坏风水的疑虑

建厂之初，简村附近的一些乡人对陈启沅创办机器缫丝厂不甚理解，看到继昌隆规模很大，与人们熟悉的小作坊完全不同，厂房占地约为1.44公顷，有数百名工人，多时达近千名工人同时开工，单是厨工和清洁工就有数十人，这令他们感到不可接受。尤其是有人指责机器缫丝厂高大的烟囱妨碍风水，说工厂烟囱太高，一条黑影从高处压下，会破财丧丁；有的人说用机械缫丝，操作不熟，机器容易伤人；有的人说隆隆的机器声汽笛声像鬼叫，不吉利，让人烦躁不安。陈启沅耐心地向村民们宣讲科学知识，还请他们到厂里来参观，慢慢地平息了村民的疑虑。

2. 平息村民对男女工混杂有伤风化的指责

继昌隆缫丝厂90%以上都是女工，许多持老观念的人认为男女在同一厂内工作，有伤风化。尤其是继昌隆投产一年后获利丰厚，女工们手中有了积蓄，有人萌发了自由恋爱的想法，也有人对封建包办婚姻不满，出现了一些女工反抗旧式婚姻的事件。按照过去的传统，女工的“胆大妄为”被指责为“伤风败俗”，得用浸猪笼的方式严加惩罚，继昌隆自然成为众矢之的。陈启沅坚信，只要加强管理，男女同工并不会有伤风化。而且只要经济效益好了，人们会看到女工创造的价值。果然，几年之后，随着工厂经济效益的不断提升，机器缫丝女工的技艺已成熟，人们对能够赚钱养家的女工越来越羡慕，对缫丝厂的看法才有了转变。

3. 顶住落后势力对新兴生产力的破坏

在机械工业引进国内时，小生产者为维护其自身经济利益，竭力反对机器生产。当陈启沅的工厂建成，卓有成效后，用手工生产的旧法缫丝业主十分妒忌，他们联合起来，“联群挟制，鼓动风潮”，对机械缫丝极尽造谣、中伤，1881年甚至激化成一场捣毁工厂机器的暴力行动。该年，南海县蚕茧歉收，绸缎织造业因缺土丝而停工，织造业主归咎于各新兴的机器缫丝厂夺去了土丝厂家的生计，从而影响到他们的原料供应，遂在10月5日(农历8月13日)织机工人之先师神诞之时，煽动工人“捣毁缫丝机器以夺回生路”。当日下午两时许，

1 000多织机工人手举着“绵纶堂”旗号冲进南海裕厚昌机器缫丝厂，捣毁缫丝机器，三名机缫工人被杀。接着又向简村继昌隆缫丝厂进发。陈启沅立即组织护厂队，在地方武装和大批乡民相助下，于“官山河”岸边设防加强警戒，才迫使滋事者离开。

4. 迂回躲避官府停业关厂的禁令

对于陈启沅来说，村民的压力只是认识问题，可以靠说服和事实来解决，最大的阻力是来自官府迎合下层小生产者的保守思想对继昌隆缫丝厂的联合压制。对陈启沅这种民间办厂的民族实业家，清政府百般刁难，认为这样做不合国情国法，他们要的是官府垄断，明令“沿海各省制办机器，均系由官设局，奏明办理，平民不得私擅办置”。官府也十分害怕民族企业与洋人竞争，说什么“我国家民为本邦，非同外裔上下征利之邦”。陈启沅以民族企业家创业的雄毅魄力，顶住了重重阻力开办了缫丝厂，对于官府的直接重压，陈启沅采取了广府人特有的灵活应变措施，那就是“遇到红灯绕道走”。1881 年织机工人捣毁缫丝机器事件爆发后，陈启沅看到事态发展严重失控，无奈之中请求官府派兵平乱，结果却出人意料之外，南海知县徐赓陛闻报，不但没有派兵护厂，反而立即发布“禁止丝偈晓谕机工示”的公告，并和广州协副将黄龙韬一起率兵查封了县内各缫丝厂，勒令厂方签署“永不复开”的保证书。这样，继昌隆等南海全县十余家机器缫丝厂惨遭“腰斩”。

图 59　陈启沅使用的蒸汽缫丝机器模型

经历 1881 年的暴力事件和官府下令关厂后，为了避开官府的迫害，陈启沅将继昌隆迁往澳门，改名“复和隆”。尽管身居外地，他还是希望家乡政局稳定，事业兴隆。

5. 百折不挠回乡续办机器缫丝厂

面对如此严酷的处境，陈启沅还哺祖国的心愿始终没有改变。他时刻关注局势，等待机会回乡办厂。两年多过去了，砸机风潮已渐渐平息，南海县内有的缫丝厂于1883年开始复业。陈启沅先派侄子陈锦筠回简村，在原继昌隆的厂址复办了一家规模较小的利厚生缫丝厂。同时，他又以广府人特有的灵活变通性，按照官府设定的只能办小厂和手工作业的规定，与次子陈锦篇一起重新设计，制成一种既可以汽机带动，也可以一人一具，以脚踏为动力的名为“机汽单车”的小型缫丝机，在简村再办一家名为“利贞”的新丝厂。这种变通的做法，缓和了机缫与手缫的矛盾，也得到官府的许可，缫丝厂得以在简村继续经营。而陈启沅发明的脚踏小机，既便于小资本经营，功用又与大机无异，很快就被南海、顺德各地接受采用了。1885年，陈启沅把设在澳门的复和隆缫丝厂迁回简村，购地新组建了一家全新的缫丝厂，命名为“世昌纶”，该厂一直办到1928年才停业。

在缫丝贸易方面，陈启沅起初将缫丝厂出产的厂丝都交给广州的丝庄，再由丝庄转售给洋行。后来，陈启沅为了避免丝庄从中分利，更方便直接对外贸易，就自行投资在广州开办了昌栈丝庄，利厚生、利贞和世昌纶缫丝厂的产品，都由此外销，利润大增。

自继昌隆缫丝厂开始使用机械缫丝后，广东的厂丝出口从无到有，逐年增多，解救了土丝出口年年退缩的局面，成为全省出口价值最大的商品。1887年夏，清政府总理海军衙门承认以陈启沅创办继昌隆缫丝厂为开端的民办机器缫丝业“有益于贫户之资生，无碍于商贾之贸易”，“自用机器缫丝以来，外销丝斤价增一倍，足证办有成效，亦属兴利之一端”，特令各缫丝厂准照开设。至此，南海知县徐赓陛强加给机器缫丝业的罪名才得以昭雪。到1901年，广东全省缫丝业均用机器，就业女工达十多万人。民国十八年《蚕纱报导》记载，南海纺织品已占全省输出总值的80%以上。

（三）办慈善以儒经商

陈启沅不仅是中国民族工业的先驱，也是近代著名的儒商。他经商办企业以德为先，赢利后最先考虑还哺祖国，回报社会。他投身慈善，热心公益，在当地赢得了良好的名声。这一切，不仅使他在办厂初期减少了社会各方面的阻力，也表明他具有中国传统儒商精神，是粤商中儒商的代表人物。他晚年转向信佛，属于用中国传统佛教文化经商办企业的儒商。

1. 爱国爱乡的民族精神

首先，面对中国土丝不敌洋丝的不利局面，陈启沅怀着还哺祖国的理想，于1872年毅然回到家乡兴办机器缫丝企业，充分体现了他爱国爱乡的民族精神，这正是中国近代儒商普遍具有的特点。其次，他率先采用机械新法，从而开创了中国近代机械工业的先河。再次，他开办的企业与近代洋务派开办的军工业有本质上的不同，他的企业不属于封建官僚企业，更不是洋人兴办或入股的外资企业，而是以市场为导向的民办实业。最后，他不仅开创了中国的近代工业和民族工业，也使得中国的缫丝在国际上的竞争力迅速提高，为具有悠久历史的丝绸之国的丝业继续立于不败之地立下奇功。

2. 热心慈善公益事业

作为大富商，陈启沅并没有为富不仁，而是像所有的儒商一样，一生热心乡梓建设，为家乡的公益事业大量投资，其善举深得乡人赞誉。早在越南经商时，他就给家乡简村、吉头、龙仍三个村的约千位孤寡无依者发放“施米簿”，凭簿每月可领米20斤。他曾捐款重修“吉水窦”水利工程，倡办克勤义学免费招收本地子弟读书，资助官山普济堂和羊城崇正善堂，开设寿世堂药材店，对贫病者赠医施药，对乡中无以为殓者，施给棺殓费。他还倡修西樵山白云洞云泉仙馆。由此，南海简村兴盛一时，民生事业十分红火，当年由陈氏家族所兴建的“百业坊”豪华住宅群各种建筑共有72幢，其中包括陈启沅的故居以及他所开办的小学、医院和各种杂货铺等，目前现存陈氏祠堂等建筑10多幢。

3. 以身作则，移风易俗

陈启沅敢于与传统陋习抗衡，早在越南经商期间，他就针对当地孕妇待产被逼至郊野或河边破旧荒凉的草寮去，分娩完才可以回家的陋俗大胆进行改革，筹集资金建起洁净的砖屋，请国际红十字会医护人员免费为被视为不祥不洁的临产孕妇接生。在家乡简村，他带头废除了“鸡米酒”的不良习俗。当时，南海、顺德农村女子出嫁三天后即应回娘家居住，只有逢年过节才返回夫家住一两天，直到怀孕了才可以回夫家。回来时，婆家不论贫富都要摆酒宴，叫做“鸡米酒”，否则将遭受乡邻鄙视和非议。这就苦了贫苦的家庭。陈启沅决心革除这个陋习，他从自家做起，杜绝“鸡米酒”。有了陈启沅的倡议和带头，大家相继仿效，这种让贫穷百姓头痛的“鸡米酒”陋习就这样被废除了。

4. 勤于著述，传播科学

作为儒商，陈启沅不仅是一个实业家，而且还有著作传世。他已印行的著作有《蚕桑谱》、《理气溯源》、《周易理数会通》、《陈启沅算学》等，内容涉及农业、物理学、易学、文学等领域。他还有未印行的《联吟集》、《菊宜谱》、《农桑谱略》、《验方拾遗》、《艺学新编》、《课儿尺牍》等著作。尤其是他的代表作《蚕桑谱》一书，在珠三角桑基鱼塘地区影响极大，既全面总结了广府人植桑、养蚕和缫丝的知识经验，又详细介绍了机器缫丝的原理、各种器械的图例以及缫丝方法，尤其注明各种宜忌，给人以科技工艺的指导。当人们认为机械工厂高大的烟囱会破坏风水，产生抵触情绪时，他主要是通过宣传科学知识来化解人们的疑虑。他还重视技术革新，不仅引进了国外先进的缫丝机械，还发明了脚踏缫机，充分体现了儒商重视科学技术和文化知识的特征。

光绪二十九年（1903 年），陈启沅去世，葬于南海罗村招大小葫芦岗。遗憾的是，陈启沅死后，继昌隆缫丝厂开始步入衰败。晚辈未能守业，几经拆厂分家后，继昌隆缫丝厂被夷为平地，留下一片残垣瓦砾。但家乡的人们怀念陈启沅这位对中国民族工业作出巨大贡献的广府先贤，在西樵镇简村绮亭陈公祠内建起了陈启沅纪念馆，并且随着西樵成为全国闻名的纺织专业镇，陈启沅的事迹更加流传至全国，激励后人。

图 60　陈启沅的《蚕桑谱》

十七、康有为

——近代维新改良派的领军人物

如果说鸦片战争以后广府文化由“得风气之先”发展为“开风气之先”进而“领风气之先”，首先表现为介绍西方的制度、经济、文化，学习西方的船坚炮利，发展军工业，逐步发展出中国的民族工商业，到了19世纪末，人们已经不满足于引进西方的器物和技术，进而引进西方的制度和文化。人们认识到，与西方相比，中国在制度和文化方面的落后是比经济和技术的落后更根本的症结。

戊戌变法就是一次变革政治制度的尝试和实践，其性质是维新和改良。按照既有的史学认识，康有为被作为中国近代史上戊戌变法运动的领导人。然而，学术界有人对康有为在戊戌变法中的“领袖”、“指导思想”的地位、作用提出怀疑和否定（江中孝《关于康有为和戊戌维新的指导思想问题》），在学术报刊上研讨这些问题。还有一些人提出康有为的地位和作用主要是靠他自己的记述和弟子的宣传美化，甚至指出康有为的诸多造假之处以及人格缺陷，这些论点主要在网络和一些非权威的书刊中流行。事实真相如何，自然应当由历史来检验。仅用现有的资料，而且大多不是康氏本人及其弟子所言的其他公认的史料，就足以证明康有为是近代维新改良派的领军人物，从整个变法运动来看，其地位和作用是明显的、重要的，目前

图61　康有为像

还难以举出其他人与之匹敌。我们应当认真对待人们的质疑，同时不能因为一些人提出某些质疑就轻易地、不加分析地否定广府先贤康有为的历史功绩。

康有为（1858—1927 年），又名祖诒，字广厦，号长素，别号明夷、更甡、西樵山人、游存叟，晚年别署天游化人，人称“康南海”、自称“南海圣人”。广东南海丹灶苏村人。近代著名的政治家、思想家、社会改革家、书法家和学者。清光绪年间进士，官授工部主事。曾七次上书光绪皇帝，要求变法。1895 年鼓动“公车上书”，赴京会试举人署名要求清政府拒签《马关条约》。他组建强学会宣传变法主张，培育变法人才，在全国造成了巨大影响。戊戌变法期间受光绪皇帝召见，详陈变法要领，后又提供西方国家变法资料，上呈变法奏策。戊戌变法失败后逃亡日本，周游列国，先后组织保皇会和孔教会并任会长。1917 年张勋复辟时扶溥仪“登基”，任弼德院副院长，失败后散游全国各地，后闲居青岛直至去世。他是维新改良派的领军人物，也是被毛泽东认为“代表了在中国共产党出世以前向西方寻找真理一派人物”。他晚年主张君主立宪，反对孙中山倡导的民主共和，政治上走向保守。他的学术思想师承朱九江经世致用的理学，但将儒学改造成维新变法的工具，晚年甚至提出要将孔教变为国教。他还是一位伟大的教育家，兴办万木草堂，培养了梁启超、陈千秋等弟子，以后又有徐悲鸿、刘海粟拜师。他的书法别具一格，人称“康体”，与其书论一道，在中国书法艺术史上占据十分重要的地位。他的主要著作有《新学伪经考》、《孔子改制考》、《大同书》、《春秋董氏学》、《日本变政考》、《戊戌奏稿》、《礼注》、《中庸注》、《欧洲十一国游记》和《康南海先生诗集》等。

（一）激进超前的理想主义者

康有为诞生在南海完全属于历史的必然，因为这里是广府文化的发源地和中心地区，广府文化在鸦片战争后“领风气之先”，就必然涌现出相应的领军人物。康有为的思想和行为中充满着理想主义的激情，带着儒者“明知不可为而为之”的狂拗，这种文化个性恰恰是那个时代广府文化的产物。正如梁启超在《南海康先生传》中所论定的：“康南海果如何之人物乎？吾以为谓之政治家，不如谓之教育家；

谓之实行者，不如谓之理想者。”激进超前的理想主义既促使他成才，也决定了他一生的命运。

1. 师从九江先生

康有为出生于低层官僚家庭，祖父康赞修是道光年间的举人，父亲康达初做过江西补用知县。康有为最早的教师是他的祖父康赞修，在那座被康有为称作“百年旧宅”的延香老屋里，有着浓郁的书香气氛，他就是在这样的环境下长大。

19 岁时，康有为拜南海九江著名学者朱次琦为师，他继承了朱次琦崇尚经世致用、鄙弃烦琐考据的理学思想。1879 年他到香港游历，开始接触西方文化，“购地球图，渐收西学之书，为讲西学之基矣”。他逐渐发现即便是偏重义理的理学仍不能直接救世，于是在 22 岁时离开朱次琦，独自一人到西樵山白云洞读书，读了顾炎武的《天下郡国利病书》、魏源的《海国图志》等著作。1882 年，康有为到北京参加会试，返回广东时经过上海，又收集了不少介绍资本主义各国政治制度和自然科学的书刊，吸取了西方传来的进化论和政治观点，初步形成了维新变法的思想体系。

2. 开办万木草堂

1888 年康有为再一次会试落榜后，1890 年举家迁往广州，开始讲学，并于 1891 年开办了万木草堂学馆。最早租借邱氏书院地址开办，位于今中山四路长兴里 3 号。他撰写了《长兴学记》作为万木草堂学规，以《论语》“志于道，据于德，依于仁，游于艺”为纲，对学生施以德、智、体教育。后因来学者众多，不断扩大迁址，1892 年，迁至卫边街的邝氏宗祠（今广卫路附近），1893 年又迁至广府学宫仰高祠（今文明路广州市第一工人文化宫内）。康有为开办万木草堂的目的，在于宣传其维新变法思想和培养变法人才，弟子有陈千秋、梁启超、麦孟华、徐勤等，万木草堂成为维新变法的策源地。

3. 铸造变法理论

如果说康有为是激进超前的理想主义者，还在于他敢于言前人之未言和不敢言，改造儒学为变法服务。他在万木草堂先后写了《新学伪经考》和《孔子改制考》两部著作，前者利用今文经学与古文经学之争，把神圣不可侵犯的部分儒家经典宣布为伪造的文献，后者则把本来信而好古的孔子改造成具有民主意识和改革精神的人。康有为大胆地突破学术常规，结论并非正确，但打着孔子的旗号“托古改制”，在社会上引起了发聩振聋的反响，开启了民智，为维新变法大造舆论。这两部书被封建顽固守旧势力斥为“惑世诬民，非圣无法……圣世不容”的异端邪说，置于禁焚之列。

康有为的《人类公理》（即《大同书》初稿）一书，也是在这个时期编写的。康有为称这部书的主要思想早在 1884 年就已形成，其基本思考在求学于朱次琦时期就已经初步萌发了，一些书稿被朱次琦视为过于理想，无法实行，一旦实施，将引起天下大乱。因为这部书将民主、平等、权力等当作人类的公理，任何国家、任何社会都应当遵行，明确地提出大同社会将是无私产、无阶级，甚至无国界、无家庭的男女平等、人人相亲相爱的人间乐园。这充分说明，康有为激进超前的理想主义在他为维新变法作理论准备时就已经基本定型了。虽然这种理想主义完全是一种典型的空想社会主义，但他坚信自己的主张是正确的，不惜为理想而献身。

（二）维新变法的号兵和旗手

康有为认准只有维新变法，像资本主义国家那样走君主立宪的道路才能救中国。在其维新变法的理论基础初步夯实之后，1895—1898 年，康有为积极地进行了变法实践。历史选择了这位来自广府的青年才俊成为中国近代维新变法运动的领军人物，在整个运动的领袖群中，他是引领方向的旗手，起着思想的先锋、舆论的焦点、谋略的高参的具体作用。

1. 鼓动“公车上书”

1895 年 4 月，正在北京参加会试的各省举人，听说清政府要与日本订立丧权辱国的《马关条约》，极为愤慨。各省举人 1 300 多人，纷纷联名向皇帝上书，康有为连夜起草了一份 14 000 多字的上皇帝书。5 月 2 日，这份万言书与其他联名上书一道送交都察院。这个事件就是有名的“公车上书”。

在康有为的上书中，他强烈要求清政府拒绝《马关条约》，主张“拒和、迁都、变法”。但由于各种原因，该上书没能陈达光绪帝面前。康有为自称，1888 年他到京城参加会试时，就曾借机上书光绪帝，

请求变法，提出了“变成法，通下情，慎左右”三条纲领性的主张，该上书也因受阻未能陈达。这就使得后人对康有为上书一事表示怀疑。但即便是按照否康派的资料，在“公车上书”事件中，当时各地举人总共上书31件，签名者1 555人次，每件平均50余人，而康有为领衔的上书签名者80人（余因《康有为的百年谎言》），可见康有为肯定是公车上书领头者之一，这是无法否认的。

图62　康有为中进士所竖旗杆夹石

在这次会试中，康有为中了进士，被任命为工部主事。

2. 组织“强学会”

为了组织和发展维新派力量，1895年8月，康有为在北京创办了“强学会”，并发行《万国公报》（后改名为《中外纪闻》）。强学会以“中国自强之学”为宗旨，批判顽固派的投降卖国。当时著名的人物如张之洞、袁世凯等清廷大员也加入该会。李鸿章曾捐银2 000两申请入会，但强学会认为他刚签订卖国的《马关条约》，声名狼藉，被断然拒绝。强学会虽然得到张之洞、翁同龢等人的支持，但惹怒了李鸿章等顽固派，他们上奏弹劾强学会，迫使康有为于10月离京南下。11月，康有为等在上海组织了强学分会，创办了《强学报》，影响日益扩大。年轻的章太炎也曾从杭州往上海寄去了16元钱报名入会。不久，上海的强学会也遭查封，但强学会已经造成了极大的社会影响，培养了众多维新变法的骨干。

3. 参与变法决策

1897年，德国强占胶州湾，康有为再次上书请求变法。戊戌年（1898年）1月，光绪皇帝遂令康有为详陈变法对策，康有为呈上《应诏统筹全局折》，又进呈《列国政要比较表》、《波兰分灭记》、《日本变政考》、《俄罗斯大彼得变政记》等。4月，他和梁启超在北京又组织了保国会，号召救国图强，保国会员很快发展到数百人。6 月，康有为又命弟弟康广仁、弟子梁启超与朋友谭嗣同、汪康年等在上海成立不缠足总会。

通过一系列的政治实践，康有为在社会上产生很大影响。1898 年 6 月 11 日，光绪皇帝颁布“明定国是诏”，宣布变法。6 月 16 日，光绪帝在颐和园勤政殿召见康有为，任命他为六品衔的总理衙门章京，准其专折奏事，筹备变法事宜。不久，梁启超、谭嗣同也都在朝廷任了职。在多封奏章中，康有为反复向光绪帝提出改革中国政治体制的建议和实行立宪政体的设想，主张兴民权、设议会、进行选举和地方自治，许多建议都被光绪的新政采纳。但康有为激进超前的理想主义和狂拗性格并不受帝党们欣赏，他甚至说出“杀几个一品大员，法即变矣”这种偏激的话。

4. 变法失败后逃亡

由于实权完全掌握在慈禧太后等人手里，1898 年 9 月 21 日慈禧太后发动政变，历时 103 天的戊戌变法失败，史称“百日维新”。

维新运动失败后，光绪皇帝被囚禁，谭嗣同等“六君子”（包括康有为的弟弟康广仁）被杀。慈禧太后下令捕杀在逃的康有为、梁启超，但康有为因戊戌政变发生的前四天得到光绪皇帝的诏书，令他离京督办官报局，并在英国驻上海代理总领事白利南的协助下，躲过了追捕，荣禄派兵从天津、烟台直至上海一路追杀，最后康有为逃到了香港，从此开始了海外流亡生活。梁启超随后也逃到国外。

（三）君主立宪的忠实鼓吹者

以往对康有为的评价认为，戊戌变法失败后的康有为逐步转向保守，力主保皇，反对孙中山的民主共和制，甚至支持张勋复辟。殊不知，这正是因为康有为流亡海外，周游列国，比较了共和制与君主立宪制这两种民主制度，认为像日本、英国那样的君主立宪制更适合中国国情，可以避免发生社会内乱。

1. 组建“保皇会”

康有为先由香港逃到日本，半年后被日本驱逐出境，1899 年 4 月转到加拿大域多利（今维多利亚），受到当地华侨的欢迎。同年 7 月，

康有为联合加拿大华侨领袖李福基、冯秀石等人创立了保皇会。当时，以孙中山为首的兴中会也在海外华人中活动，但革命的思想不如保皇的主张有市场，兴中会的声势明显逊于保皇会，据说就连孙中山的哥哥孙眉都曾向保皇会捐过款。大量捐款用于康有为、梁启超等人的活动经费。保皇会甚至训练军队，如1900年慈禧太后企图废掉光绪皇帝，康有为就组建军队，举兵勤王，后因仓促起事而流产。传说康有为还使用这些捐款派人暗杀过慈禧。

然而，保皇会的大多数投资都血本无归。康有为利用这笔经费在海外流亡16年，周游了东西方42个国家和地区，至今瑞典斯德哥尔摩郊区还有一个“康有为岛”。康有为于1901年至1902年间在印度整理出《大同书》书稿。1913年底，康有为因为母亲病逝从日本返国，结束了16年的海外生涯，回国后他曾请好友吴昌硕刻了一枚印章，上刻“维新百日，出亡十六年，三周大地，游遍四洲，经三十一国，行六十万里”。这使得康有为成为当时思想文化界亲历国外事物最为广博的人。

图63 康有为在美国游历

2. 拥立溥仪登基

康有为周游列国后，除了提出打开眼界，兴实业、开银行、重金融、修铁路、办学校、建博物馆等主张外，愈加坚信君主立宪才是中国政治的方向。随着孙中山领导的革命运动的兴起，保皇派的势力日益衰落，以致梁启超都逐渐背离师教，转向民主共和的主张。但作为保皇党领袖，康有为坚定地反对共和制，一直想使清废帝溥仪复位。1917年，效忠前清的北洋军阀张勋发动复辟，康有为积极拥立溥仪登基，最终只得了个弼德院副院长的虚职。但康有为对清帝的忠心不改，即便到了1924年溥仪被冯玉祥逐出紫禁城，康有为还曾亲往天津静园觐见溥仪。这其中显然有愚忠的成分和报答知遇之恩的个人感情，但康有为要扶持皇帝登基，并非要回到封建专制，而是要实行君主立宪。

3. 以孔教为国教

康有为极力倡导以孔教为国教，也被看做是保守落后的。他一心想当“素王”，这正是他号“长素”的用意。康有为的这项主张在他的“两考”著作中就有所体现，而在晚年，主要是依托孔教会而推进。孔教会是在康有为的谋划下由其弟子陈焕章、麦孟华等于1912年孔子诞辰日在上海成立，当时没有会长，康有为是其真正的精神领袖。1913年康有为回国，孔教总会已由上海迁到北京，康有为就任会长。他眼看帝制已经被辛亥革命所推翻，于是提出“虚君共和”的设想，认为中国需要一个精神上的依托。回国后即主编《不忍》杂志，宣扬尊孔复辟，1914年发表《以孔教为国教配天议》一文。后又通过向国会写信、到处演讲、发表文章等方式宣传他的主张。张勋复辟后，康有为辞去孔教会会长职务，孔教会也因其成员反对袁世凯称帝而被打压，处于低迷状态。在这种情况下，康有为又组织了万国道德会并任会长，1923年将总会迁往青岛，并购寓所（今青岛市福山支路5号）。

康有为以孔教为国教的主张虽然是错误的，但他还有另外一层考虑，那就是面对西方文化的侵入，有一种“保国、保种、保教”的意识。他学习西方宗教，试图以孔教作为中华民族的精神支柱。美国著名学者列文森说，康有为比当时其他人更深刻的地方在于他注意到了儒教在中国思想文化中的地位和作用，“儒教是中国的特有的国性，剥夺了它，国家将会灭亡，民族也不会继续存在”（列文森《儒教中国及其现代命运》）。

1927年3月8日，康有为在上海做了70大寿，于21日回青岛“天游堂”寓所。30日晚，一位广东同乡请他吃饭，他喝了一杯橙汁后腹痛，翌日不治而逝。有人说他的死是慈禧余党的谋杀，也有人说是日本人因不满康有为反对溥仪投靠日本而投毒。真相现已难查清，成为一桩无头公案。

（四）学贯中西的大师级巨匠

在中国由近代走向现代的大变革时代，要做一个变法维新的领军人物，非有学贯中西的才识不可，而康有为就是一位学贯中西的大师，他知识渊博、涉猎广泛，著述宏丰，在政治、思想、教育领域影响极大，在哲学、经济学、历史学、诗文、书法等多个方面都有独到的成

就，堪称“百科全书式”的人物。上海古籍出版社和人民大学出版社分别出版了姜义华等编注的《康有为全集》，其中中国人民大学出版社于2008年出版的《康有为全集》共12卷850万字。珠海出版社于2006年出版了马洪林等编注的《康有为集》共10卷。

图64　中国人民大学出版社出版的《康有为全集》

在这里，我们仅介绍康有为的诗歌和书法成就，窥其一斑，以观全貌。

1. 瑰丽奇特的“康诗”

康有为的诗被称为“康诗”，崔斯哲于1939年手写本《康南海先生诗集》15卷，存康诗1 500余首。与其在政治上是维新改良的号手、旗手一样，康有为也是一个“诗界革命”派诗人。梁启超说：“南海先生不以诗名，然其诗固有非寻常作家所能及者，盖发于真性情，故诗外常有人也。”其诗意境壮阔，气势恢宏，具有浪漫色彩，同时饱含爱国主义情怀。这种特色实际上是岭南诗派的传统特色，康有为将岭南诗派推向了“诗界革命”的前沿。

这里选摘康有为的两首诗：其一是1879年他浏览广州越秀山越王台古迹时所作的抒怀诗《秋登越王台》：“秋风立马越王台，混混蛇龙最可哀。十七史从何说起，三千劫几历轮回。腐儒心事呼天问，大地山河跨海来。临睨飞云横八表，岂无倚剑叹雄才！”此诗一气呵成，直抒胸臆，感情激扬，气势澎湃，境界高远，表现了年轻的康有为在国家遭受外侮的多难年代具有的理想抱负。其二是他写于1888年的《出都留别诸公》：“天龙作骑万灵从，独立飞来缥缈峰。怀抱芳馨兰一握，纵横宙合雾千重。眼中战国成争鹿，海内人才孰卧龙？抚剑长号归去也，千山风雨啸青锋！”该诗反映康有为上京应试，正逢中法战争清政府失败，丧权辱国，他第一次上书光绪皇帝提出改革主张未被采纳，壮志未酬，愤然离京时的心情，表达了在祖国危难之际愿以吾才献祖国的志向和怀才不遇的愤慨，是体现康有为思想、艺术乃至性格的代表诗作之一。

2. 圆融洒脱的“康体”

康有为的书法艺术和书评理论，即便是否康派也是褒扬的。他在

1889年所著的《广艺舟双楫》，从理论上全面系统地总结了以往的碑学，提出“尊碑”之说，在书法界同样产生类似“变法”的影响，甚至波及日本。而康有为的书法创作别具一格，被称为“康体”。有人总结出康有为书法的三个特点，即重、拙、大，也有人描述其书写上以平长弧线为基调，转折以圆转为主，长锋羊毫发挥出特有的粗拙、浑重和厚实的效果。可见，“康体”就是康有为创作的圆融洒脱的书法艺术，是以魏碑为基础，兼采隶楷，独创出一种浑厚、凝练、古朴、率真、险峻、疏朗乃至流畅和飘逸的书体。

图65　康有为的书法

现在，青岛的康有为故居和广东南海的康有为故居都建有康有为纪念馆。其中，南海康有为纪念馆于1986年建成，1989年被列为广东省重点文物保护单位，1996年被列为国家重点文物保护单位。该馆还是佛山市和南海区的爱国主义教育基地。佛山南海每年举办“有为文化节”，“有为精神”也在佛山南海的城市精神中得到了弘扬。

十八、詹天佑

——中国铁路和近代工程之父

继 1998 年国内第一条高速电气化广深铁路全线建成通车后，2008 年中国拥有了第一条时速超过 300 千米的京津高速铁路，2009 年中国又开通了世界上建设里程最长、运营速度最快的武广高速铁路。2010 年广州亚运会前，国内第一条城际轻轨——广州至佛山轻轨正式开通，2011 年初又开通了广珠城轨。这些高速铁路的开通，不仅是中国铁路交通史上的重要里程碑，也是广府地区经济社会向现代化迈进过程中的大事。人们饮水思源，无不感激广府先贤、中国的铁路之父詹天佑。而广佛地区，就是詹天佑的家乡。或许是詹天佑的精神已经融入广府文化之中，“要致富，先修路”早已成为改革开放领头羊的广府人的重要理念，并在全国推广。

图 66　詹天佑像

詹天佑（1861—1919 年），字眷诚，号达朝，广东南海十二甫芽菜二巷（今广州市荔湾区十二甫）人。爱国主义工程专家、中国近代铁路之父、中国近代工程学的开创者。12 岁被选为中国第一批官办留美学生，1878 年考入耶鲁大学土木工程系，学习铁路专科，1881 年毕业，获学士学位。1905—1909 年主持修建了中国第一条自建铁路京张铁路，打破了中国的铁路全由外国人来控制和制造的历史。1912 年创办中华工程师学会并任会长。1919 年作为中国代表，在抵制西方列强控制中国铁路、维护中国铁路主权的斗争中，因劳累过度而病逝。周恩来总理高度赞誉詹天佑的爱

国主义精神及其为我国铁路事业作出的卓越贡献，称他是“中国人的光荣”。

（一）最早的“海归”之一

詹天佑是广府之子，他之所以能够成为中国第一批官办留美学生，也是因为广府人有开放的眼光和出洋的传统，尽管詹天佑从小就离开了家乡，但广府是他不能割舍的“根”。

1. 走出西关的少年

詹天佑原籍江西婺源，曾祖父詹万榜是当地“大昌”杂货铺的商人之子，先在家乡行医，1760 年时南下广东贩卖婺源绿茶，定居于广州北门外拱宸坊，开了一家名为“万孚”的小茶行。詹天佑的祖父詹世鸾佐父经商，生意做得更大，并于 1816 年把家搬到西门外十二甫，1820 年因子詹钰科举需在南海当地报考，入籍广州府南海县。詹天佑父亲詹兴洪于 1822 年出生，成年后遇上鸦片战争爆发，广州外贸衰落，詹氏茶行破产，他只能以刻章、代写书信和写春联为业，娶肇庆陈氏，生子天佑。对于詹天佑的出生地，过去一直含糊地说是在“南海”。近年经过学者研究和詹天佑后人指认，确定为广州十二甫西街 42 号的西关大屋。

詹天佑幼年就读于私塾，12 岁时，父亲委托好友、未来的儿女亲家谭伯邨带上詹天佑到香港报名，投考“技艺”门，考取了清政府筹办的“幼童出洋预习班”。父亲在一张写明“倘有疾病生死，各安天命”的出洋证明书上画了押。詹天佑从此辞别父母，作为中国第一批官办留美学生，怀着学习西方“技艺”的理想，随中国第一个留美的耶鲁大学毕业生、香山道台容闳从西关留学美国。

图 67　留美幼童在上海轮船招商局合影

（最后一排左三为詹天佑）

2. 耶鲁大学的高材生

詹天佑在美国先后就读于西海文小学和纽海文中学，1878 年以优异的成绩完成中学课程，考取耶鲁大学土木工程系铁道工程专业。1881 年，他以优异的成绩毕业于耶鲁大学，数学考试为第一名，毕业论文为《码头起重机的研究》，获学士学位回国。在 100 多名回国的中国留学生中，获得学位的只有两人，他便是其中之一。据说他回国后到过广州西关看望父母，因出国 9 年后一直与父母音信不通，在菜市场父子相见却互不相识，直到道出姓名方敢相认。

3. 马尾海战的勇士

詹天佑从美国回到中国，清政府并没有安排他到铁路部门任职，因为当时清政府洋务派官员过分迷信外国，一味依靠洋人修筑铁路，不让中国人参与。因此，詹天佑学非所用，与他一道的 15 位同学，被指派进入清政府经营的最大的船舰修造厂福州船政局工作。当时福州船政局设立了船政学堂，分为前学堂和后学堂，詹天佑被安排在后学堂学习。一年后毕业，又被安排到福建水师旗舰“扬武”号实习。1883 年中法战争爆发，詹天佑参加了马尾海战，在海战中“扬武”号战功卓著，詹天佑表现突出。当时上海英商创办的《字林西报》在报道中赞扬了詹天佑的勇敢和镇定。1884 年，詹天佑回到后学堂“升任教习”。

4. 广东博学馆的先生

1884 年秋，詹天佑应两广总督张之洞之请，返粤任教于广东博学馆，该馆后改称黄埔水陆师学堂。在黄埔，詹天佑主要负责修筑沿海炮台和测绘沿海海图，先后达四年之久。

（二）中国近代铁路之父

中国铁路的诞生走过了一段屈辱和曲折的历程。在詹天佑还在美国留学时，国内的第一条铁路即吴淞到上海的小铁路通车。许多守旧绅士看到庞然大物似的火车，发出隆隆的声音，全都大惊失色，认为这怪东西破坏了风水，居然聚众拆毁铁路，将铁轨投入湖中。后来，中国的铁路全都由外国人把控，修路技术也不让中国人参与。但从詹天佑开始，打破了只有外国人才能修铁路的神话。因此，詹天佑被人们尊称为“中国近代铁路之父”。

1. 回归铁路专业本行

1887 年，中国铁路公司在天津成立。经留美同学邝孙谋推荐，1888 年詹天佑得以进入该公司，成为中国第一名铁路工程师，他这才有了用武之地。他开始负责修筑塘沽到天津的津榆铁路，仅用 70 多天就完成了铺轨工程。后又参加修筑天津至山海关的铁路，需要在滦河修一座铁桥，由于英、日、德工程人员建造这座铁桥相继失败，他毅然承担了造桥任务。他采取当时国内首次使用的“压气沉箱法”打桩，顺利完成了滦河大铁桥桥梁的基础工程，解决了外国工程师都解决不了的难题，最后出色地完成了全部工程。之后，他又领导了津芦、锦州、萍醴等铁路的修筑。

1894 年，詹天佑入选英国土木工程师学会。

1902 年，慈禧欲谒西陵，清政府决定修筑新易铁路（新城县高碑店至易县梁各庄）43 千米。由于英、法两国争夺修筑权，相持不下，清政府只好自力修筑，派詹天佑为总工程师。尽管工期紧迫，且在冬季施工，但整个修筑工程于 1902 年 11 月开工至 1903 年 2 月竣工，历时仅 3 个月。据史料记载，4 月 5 日，慈禧及光绪乘坐专列从北京永定门上车，经京汉铁路及新易铁路到梁各庄下车，全程两个多小时。慈禧兴高采烈，赏给火车司机黄马褂、花翎及知府衔，车上一切摆设则赏给詹天佑。詹天佑只留下了一座景泰蓝座钟作为纪念，其余物品都分给了其他修建人员。

这期间，詹天佑曾返粤奔父丧，勘测了潮汕铁路（潮州至汕头 39 千米）。归途中路过上海，被聘为上海中国铁路公司工程参议，筹划江苏沪宁铁路并调查道清铁路（道口至清化 150 千米）。

2. 主持修筑京张铁路

1905 年，已经在铁路建设方面小有名气的詹天佑被派主持修筑京张铁路，担任总工程师。

京张铁路自北京至张家口，约 200 千米，位于通往西北之交通要道。因英、俄两国互争修筑权，双方争持不下，最后达成协议，清廷不借外债，不用洋匠，全由中国人自修此路。于是，清政府决定自力修筑、自行管理。争夺筑路权未遂的外国工程师称中国工程师“自不

量力”，扬言中国人修建京张铁路必遭失败。面对外国人的讥讽，詹天佑以大无畏的气概，率领全体建筑人员知难而进，为国争光。在勘测阶段，他仅带领两名山海关铁路学堂毕业生，翻山越岭，风餐露宿，历尽艰辛，绘制了科学可行的修筑设计方案。施工阶段，他吃住在现场，创造性地采用两端开凿，中开竖井的分段施工法，解决了居庸关和八达岭隧道工程的难题。在青龙桥东沟运用“折返线”原理修筑“人”字形线路减少坡度，用两台大马力机车调头互相推挽的办法，解

图 68　京张铁路使用的机车

决坡度大机车牵引力不足的问题。詹天佑还根据山区筑路的特点就地取材，设计了许多具有民族特色、宏伟可观的石拱桥，节省了钢材和工程的造价，实现了他提出的“花钱少、质量好、完工快”的三个要求。1909 年 8 月，京张铁路三段工程全部完工，历时四年，比原计划提前了两年，并节约 28 万多两白银，总费用只有外国承包商索价的五分之一。京张铁路举世震惊，参加通车典礼的中外来宾万余人，蔚为大观，当时被外国工程师视为奇迹。这也是詹天佑一生中最大的贡献，他以中国首条自建铁路的设计和建造者的身份被载入史册。

3. 担任粤汉铁路总理

1911 年，詹天佑返回广州，就任商办广东省粤汉铁路公司总理（即总经理）兼总工程师。

粤汉铁路起点为黄沙车站，自黄沙经西村、小坪、江村、新街、源潭、琶江口、黎洞、连江口、英德等站至韶关，总长约 224 千米。年初，清政府以国有为名，将铁路修筑权出卖给列强，强行没收商办铁路，激起公司全体股东一致反对，保路运动就此爆发。以詹天佑为首的广东粤路公司致电四川川路公司，告知粤路已成立保路机构，呼吁两路协力抗争。

辛亥革命即将爆发，广州形势紧张，员工有离散情绪，詹天佑的朋友也劝他不要留在广州。詹天佑不惧危险，率领全路员工坚守岗位。在詹天佑的影响和带动下，粤路公司无一人离去，在整个辛亥革命期间，保证了列车照常运行，公司财产也得到了保护，他们以实际行动迎接辛亥革命的到来。而邻近的广三铁路因领导人员率先逃跑，铁路运输和财产损失重大。

1912 年 5 月，重视实业建设的孙中山来到粤汉铁路公司视察，詹天佑率公司人员欢迎。孙中山指示：“粤汉干路，关系民国建设前途盛大，且大利所在，并为振兴实业之首务……望速图之。”同年 9 月，孙中山在北京视察了京张铁路和张绥铁路工程局后向报界宣布，拟请詹天佑等人筹划全国铁路的建设。

辛亥革命后，湘鄂两省粤汉铁路及川汉铁路合并为汉粤川铁路，詹天佑升任督办。他在武汉亲自设计监造了寓所，地址在今武汉市江岸区洞庭街 51 号。1914 年，詹天佑还重新勘测了全长 1 200 多千米的川汉铁路。

（三）中国工程技术之父

詹天佑不仅是中国近代铁路之父，也是中国近代工程技术之父，他的地位和贡献是全方位的。他创办的中华工程师学会，是工程技术人员的学校和家园。他制定的工程技术标准，对推动工程技术的发展起到了基础的作用。他的精神和品格，已经成为中国知识分子的楷模。

1. 创办中华工程师学会

1912 年，詹天佑召集上海、广州的工程学术团体在广州创办了首个多学科的中华工程师会，并担任会长。

中华工程师会十分重视培养中国工程技术人才，尤其是对青年工程技术人员的培养倾注了大量心血。作为会长，詹天佑除了以身作则外，还勉励青年“精研学术，以资发明”，要求他们“勿屈己徇人，勿沽名而钓誉。以诚接物，毋挟褊私，圭璧束身，以为范例”。他晚年写下了《敬告青年工学家》一文，指出：“工程事业，必学术经验相辅而行，徒持空谈，断难行事。”这正是他一生身体力行的科学精神，也是注重实学的广府文化、岭南文化在他身上的体现。

1913 年，袁世凯为强化统治，勒令解散民众团体。詹天佑以广府

人独有的“遇到红灯绕着走”的灵活性，将中华工程师会改名为中华工程师学会，在汉口以纯学术团体名义照常活动。

2. 撰著工程著作和标准

1913 年，詹天佑获政府委任为交通部技监，致力于工程技术的著述和标准的制定。詹天佑的这些科技工程著作，也和他主持修筑的铁路一样，是留给中国人民的宝贵财富。

（1）《京张铁路标准图册》。1913 年由中华工程师会在广州用英文出版。册内编入京张铁路工程标准 49 项，包括桥涵、轨道、线路、隧道、机车库、水塔、铁路用房、头等二等混合客车等标准，是我国第一部铁路工程标准图册。

（2）《京张铁路工程纪略》。1915 年由中华工程师学会在汉口出版。内容包括勘测调查报告、修筑办法、施工规则、配套设施等，并附有工程图，是京张铁路建设最为完整的史料。

（3）《新编英华工学字汇》。收词万余条，1915 年由中华工程师学会在汉口出版。该辞典收入詹天佑 20 多年累积的英汉工学词汇而编成。值得一提的是，修建京张铁路期间，詹天佑建议机车采用了一种自动挂钩，这种挂钩实际上是美国人姜尼（Janney）创制，中国出洋留学的郑廷襄在美国也发明了一种类似的挂钩，因为“Janney”和“郑”的发音与“詹”相近，人们出于对詹天佑修建京张铁路功绩的认可，大都认为这种挂钩是詹天佑的发明，误传为“詹式车钩”。在这部字典中，詹天佑没有顺水推舟地贪他人之功为己有，而是实事求是地使用“郑氏车钩”的译名。

3. 维护中国铁路权利

1919 年 1 月，美、日、英、法、意等国在海参崴成立西伯利亚铁路监管委员会，妄图把中俄合办的中东铁路也划归该会监管。詹天佑当时任交通部技监，受命往海参崴和哈尔滨任协约国监督远东铁路会议中国代表，他不顾身患腹疾，冒着严寒赶赴会议。他与企图霸占我国北满中东铁路的日方代表论战，取得了我国保护中东铁路的权利。

詹天佑在会议期间因疲劳过度，旧日腹疾复发，病情严重，于 1919 年 4 月 20 日回到汉口。4 月 24 日，詹天佑在汉口仁济医院因心力衰竭悄然去世，终年 59 岁。5 月 4 日，其灵柩被暂存于今钟家村附近的汉阳广东山庄，1922 年迁往北京，安葬于八达岭车站。

伟人已逝，但人们不会忘记他的历史功绩。在北京，1922 年青龙桥火车站竖立起詹天佑铜像；1982 年其灵柩被迁到青龙桥车站，并建一座墓园供后人永远纪念。1987 年，建成詹天佑纪念馆。2005 年纪念京张铁路开工 100 年时，在张家口南站“中国铁路之父”詹天佑的铜像揭幕。在武汉，2001 年 6 月 25 日，詹天佑故居作为近现代重要史迹及代表性建筑，被国务院批准列入第五批全国重点文物保护单位名单。在詹天佑的故乡广州，2001 年人们在黄沙竖立了詹天佑纪念像。2002 年，詹天佑故居旁的原十二甫西小学正式改名为詹天佑小学，他的爱国壮举被写入中小学的课本。著名的电影艺术家孙道临执导的电影《詹天佑》（冯淳超饰）于 2001 年上映，获得了中宣部“五个一工程奖”和国家广电总局电影“华表奖”。1999 年设立的“詹天佑奖”，是中国土木工程设立的最高奖项。詹天佑的爱国、科学、创新、建设的精神，将永远激励中国工程技术人员和知识分子发奋努力，报效祖国。

十九、梁启超

——近代变法启蒙文化的泰斗

中国向西方学习，经历了一个逐步深化的过程。广府先贤梁启超对此提出了“三阶段”论：第一阶段先从舰炮器物的较量中发现落后，以洋务派为代表提倡“师夷之长技以制夷”；第二阶段是从制度上感觉腐朽，由技艺的学习转向制度的变革；第三阶段是从文化根本上认识到已经落伍，要从文化和心理的层面进行彻底的革新和提升。（梁启超《五十年中国进化概论》）梁启超关于中国学习西方的这种器物—制度—文化的三阶段论，得到了很多学者的响应，至今仍被认可。实际上，到了梁启超那时，标志着中国向西方学习已经到达了第三个阶段，即提出了学习西方文化，变革中国传统文化，重铸中国现代文化的任务。这也表明，广府文化“开风气之先”、“领风气之先”，在文化建设方面产生了梁启超这样的近代变法启蒙文化的泰斗，引领着中国的近代文化向现代文化的转型和发展。

梁启超（1873—1929 年），字卓如，号任公，又号饮冰室主人、饮冰子、哀时客、中国之新民、自由斋主人等，广东新会人。中国近代史上杰出的爱国主义者、著名的政治活动家、启蒙思想家、宣传家、教育家、史学家和文学家。师从康有为，与康有为一起参与领导了著名的戊戌变法，世人合称康有为、梁启超为“康梁”。他博古通今，学贯中西，沟通旧学与新学、中学与西学，倡导“史学革命”和诗界、文

图 69　梁启超像

界、小说界“三界革命”的变革文学的主张，主持清华大学国学研究院，可称为中国近代“百科全书式”的学术泰斗。他是天才的宣传家和鼓动家，通过报刊和社团，广泛宣传了西方资产阶级的政治思想和社会学说，提倡“新民”说，影响和启迪了整整一代人，成为享誉海内外的中国近代启蒙文化的巨匠。他一生著述宏富，达 2 000 万字，主要的著述合编为《饮冰室合集》、《饮冰室合集集外文》等。

（一）维新变法运动的主将

梁启超一生充满着矛盾，以“善变”闻名于世。他是康有为的学生、信徒、助手，最后却分道扬镳；他与孙中山既有合作也有对立，既是老朋友也是老对手；他拥护过袁世凯，也反对过袁世凯。他似乎一直在左右摇摆，变来变去。但正如他自己所说的，这不是意气之争，也不是权力之争，而是以良心为最后准则，他始终未变的，就是爱国和救国。“知我罪我，让天下后世评说，我梁启超就是这样一个人而已。”

1．师从康有为

梁启超生于广东省新会县熊子乡茶坑村，梁氏先祖为中原南逃的难民。在梁启超曾祖父之前，梁氏家族世代耕田。梁启超的祖父苦读中秀才，教导孙儿读四书和《诗经》，经常给他讲古代豪杰哲人的嘉言懿行。南宋末年陆秀夫背着最后一个南宋皇帝跳海的地方——崖山就在梁启超的家乡新会，离其出生地不到 4 000 米，梁启超每次听到这个故事都触动很大。梁启超父名梁宝瑛，屡试不举，在乡里教授于私塾。梁启超小时即有神童美誉，6 岁入私塾跟张乙星学习，“八岁学为文，九岁能缀千言”，10 岁师从周惺吾，12 岁中秀才，16 岁为广州学海堂正班生兼菊坡、粤秀、粤华书院外生。17 岁时中举人，被主考官李端棻看中，许其堂妹李蕙仙与梁启超订婚，两年后成婚。

1890 年梁启超赴京会试，未中。回粤路经上海，看到介绍世界地理的《瀛环志略》和上海机器局所译西书，眼界大开。

同年，在同学陈千秋引荐下，18 岁的梁启超拜访了 33 岁的康有为。康有为以“大海潮音，作狮子吼”，给了他当头棒喝。梁启超如醍醐灌顶，对康佩服之至，遂退出学海堂，以举人身份反拜时为监生的康有为为师。后来他力劝康创办万木草堂，又就读于万木草堂并成

为学长，接受康有为的思想学说，由此走上改革维新的道路。

2. 投身维新运动

1895年春，梁启超再次赴京会试，协助康有为发动在京应试举人联名请愿的“公车上书”。

该年秋，康有为组织强学会，先后创办北京的《万国公报》（后改名为《中外纪闻》）和上海的《时务报》，梁启超均主笔政，撰写了大量呼吁变法的文章。两湖总督张之洞很欣赏《时务报》，说这是“中国创始第一种有益报纸”，并以接待钦差大臣的礼节邀请梁启超游历武昌。梁启超后又赴澳门筹办《知新报》。1897年，梁启超担任长沙时务学堂总教习，在湖南宣传变法思想。

1898年，梁启超回京参加戊戌变法。7月，受光绪帝召见，奉命进呈所著《变法通议》。因梁启超只会讲广东白话，不谙雅言官话（当时的普通话），彼此难以交流，光绪帝大为扫兴，只赏给了他一个小小的六品衔，负责办理京师大学堂译书局事务。

同年9月，戊戌变法失败，26岁的梁启超追随康有为逃往日本和欧美避难。日本著名政治家、学者伊藤博文十分欣赏梁启超，把他视作代表中国未来的青年领袖。在日本期间，他先后创办了《清议报》和《新民丛报》，鼓吹改良，反对革命，同时也大量介绍西方社会政治学说，在当时的知识分子中影响很大。他还一度与同样在日本流亡的孙中山交往频繁，据说，很多东南亚的华侨和日本重臣都是由梁启超介绍给孙中山的，可见当时孙中山在日本的声望还不能与梁启超相比。

但梁启超此时的立场仍然是主张改良。1905—1907年，改良派与革命派的论战达到高潮，梁启超作为改良派的主将，遭到革命派的反对。1906年，清政府宣布“预备仿行宪政”，梁启超立即表示支持。1907年10月，他在东京建立“政闻社”，期望推动清政府实行君主立宪，后被查禁而宣告解散。

3. 反对袁世凯称帝

武昌起义爆发后，他一度宣扬“虚君共和”。民国初年又支持袁世凯，并承袁意，将民主党与共和党、统一党合并，改建进步党，与孙中山领导的国民党争夺政治权力。1913年，进步党“人才内阁”成立，梁启超出任司法总长。

1915 年，袁世凯称帝野心日益暴露，梁启超反对袁世凯称帝，1915 年 8 月，发表《异哉所谓国体问题者》一文进行猛烈抨击，宣告“称帝者必亡”。据说在该文刚写出来时，袁世凯得到消息，以给梁启超的父亲祝寿为名，派人送来一张 20 万元银票，要求不发表这篇文章，梁启超断然将银票退回。当袁世凯于年底宣布自立皇帝时，梁启超联合时务学堂的得意门生蔡锷发动讨袁的护国运动。1916 年，梁启超赴两广地区积极组织反袁斗争，支持护国运动，迫使袁世凯下台。

4. 反对张勋复辟

袁世凯死后，梁启超组建宪政研究会，与支持黎元洪的宪政商榷会对抗。1917 年夏天张勋复辟，溥仪登基，康有为是军师，并在《上海周报》上发表《为国家筹安定策者》，公开主张恢复帝制。梁启超则立即随段祺瑞誓师马厂，参加武力讨伐。他不仅代段祺瑞起草了讨逆宣言，而且发表《辟复辟论》，矛头直指康有为，斥责其师为“大言不惭之书生，于政局甘苦，毫无所知”。而康有为也当着梁启超学生的面痛骂“梁贼启超”。至此，康、梁公开决裂。

1917 年 7 月，段祺瑞掌握北洋政府大权。梁启超因拥段有功，出任财政总长兼盐务总署督办，但在任上毫无作为。9 月，孙中山发动护法战争。11 月，段祺瑞被迫下台，梁启超也随之辞职，从此退出政坛。1918 年底，梁启超赴欧远游。1922 年回国，先后到北京、济南、苏州、上海等地讲学。1925 年，在清华研究院担任导师，出任京师图书馆馆长，并为清华题写了“厚德载物，自强不息”的校训。

有人说康梁的决裂主要是因为康有为的性格霸道，也有人说康梁同时流亡国外，但康享受着保皇会的捐款，所以能够潇洒周游列国，而梁则主要靠稿费艰难度日，康对梁的接济不周，使梁心生怨恨。但实际上，他们的决裂是由于理念不同、信仰有变所致。梁启超并没有割断师生情谊，1927 年康有为去世，梁启超见康有为“身后萧条得万分可怜”，立即电汇几百块钱，随后又戴孝守灵，大哭三日。

（二）近代启蒙思潮的领袖

梁启超在中国近代史上的地位最主要的一条，在于他是中国近代杰出的启蒙思想家。他执启蒙之牛耳，引领中国近代的启蒙运动，是“五四”运动之前启蒙思潮最主要的代表人物。埃德加·斯诺在 20 世纪30年代出版的《西行漫记》中，就称梁启超是1911年中国第一次革命的“精神之父”。美国研究梁启超的专家约瑟夫·勒文森在《梁启超与近代中国思想》一书中说，从1898年的戊戌变法到1919年的“五四”运动期间，梁启超成为中国理论界的真正领导者。

1. 梁启超启蒙思想的形成

梁启超的启蒙思想主要是在他流亡海外时期，广泛考察日本社会，并阅读了大量西方著作后逐渐形成的。他广泛涉猎从日本的启蒙思想家福泽谕吉到欧洲的思想家约翰·穆勒、卢梭以及斯宾塞等人的著作，西方的进化论、民权说开拓了他的眼界。

1900年，流亡海外的梁启超在《清议报》上公开发表《少年中国说》一文，在这篇文章中，他借助多种鲜明的意象对比，从不同角度辨析了封建统治下的中国是“老大帝国”，热切希望出现“少年中国”，振奋人民的精神。该文极大地启发了民智，成为梁启超流传后世的著名文章。

1901年，梁启超在《清议报》11月和12月两期连载了《卢梭学案》一文，表明对法国大革命及此前的启蒙运动也有深入的研究。

1902—1906年，梁启超用“中国之新民”的笔名，在《新民丛报》上发表了一系列政论文章，后出版了《新民说》的单行本。这些文章旨在唤起中国人民的自觉，从帝国时代皇帝的臣民转化为现代国家的国民，并论述成为现代国民所应有的条件和准则。这些文章反响很大，对20世纪中国起到了启蒙的作用，也标志着梁启超启蒙思想的形成。

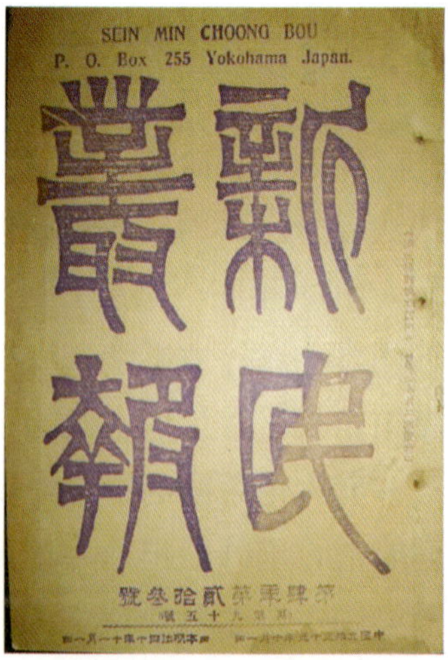

图70　梁启超在日本主办的《新民丛报》

2. 梁启超的“新民说”

梁启超启蒙思想体系的核心是“新民说”。他继承和发展了儒家经典《大学》开篇第一句“大学之道，在明明德，在亲民，在止于至善”，吸收西方启蒙学说，建立了一套完整的“新民说”启蒙思想的理论。

（1）梁启超指出了“新民”的必要性和紧迫性。他认为中国贫穷落后的根本原因在于国民素质低下，“苟有新民何患无新制度，无新政府，无新国家”，因而，“欲维新吾国，当先维新吾民”（《新民丛报章程》）。

（2）梁启超阐述了“新民”的品格内涵。一是“新民”应具有独立自主的主体意识，根除“奴性”；二是“新民”应具有利群爱国的公德意识，唤醒国人的国家意识和公德心；三是“新民”应具有冒险精神，积极进取、开拓创新。

（3）梁启超提出了“新民”的培养道路和方法。一方面要通过启蒙教育，另一方面强调“新民”是一种自新，靠主体自觉自为。

有学者指出，梁启超的“新民说”在近代启蒙思想中占据着最为重要的地位。“他提出近代中国最迫切的启蒙任务，就是在民德、民智、民力三个方面改造国民，使之成为建设近代民族国家的‘新民’。在这种理论取向指导下，展开了他的最具独特性的社会启蒙思想。”（焦润明《论梁启超的社会启蒙思想》）就近代启蒙思潮而言，梁启超的“新民说”，标志着“五四”运动前的启蒙思潮到达了巅峰。“新民说”启发了鲁迅等人积极地从事批判与改造国民性，也启发了陈独秀《新青年》的问世，成为“五四”新文化运动的先导。

3. 梁启超的启蒙思想体系

如果说“新民说”是梁启超启蒙思想的核心，那么，他的启蒙思想体系，则涵盖了更为广泛的领域。有学者将他的启蒙思想分为政治启蒙和学术启蒙两大类，政治启蒙思想包括首倡“新民”之理想，揭示了“民族主义”及其对立物“民族帝国主义”，强调了“权利”和“法律”意识，将“自由”作为国家思想的灵魂等。而他的学术启蒙思想则主要体现在采用西方近代新观念和方法来变革旧学术，提倡“新史学”、“新小说”等方面。（梁念琼、周忠《论梁启超启蒙思想》）

对于梁启超的启蒙思想，改革开放前重视得不够，将梁启超保守的一面看得过重。李泽厚的《梁启超王国维简论》率先揭示了梁启超的启蒙思想的意义，但他认为梁启超的主要贡献不在于他思想的独创性，而在于启蒙的舆论宣传，“他不是思想家，而只是宣传家”，这显然评价过低。当然，梁启超仍属于他的时代，从思想启蒙的角度来看，他超越时代的创新性还需进一步地研究。下面，我们就从文化变革的角度来继续分析梁启超的启蒙思想。

（三）中国文化变革的大师

如果说“五四”的启蒙思想家们，无论是胡适、鲁迅，还是陈独秀、李大钊、毛泽东，在青年时代都接受过梁启超“新民说”的思想洗礼，从而成为“五四”新文化运动的先导，那么，梁启超倡导的“史学革命”和诗界、文界、小说界“三界革命”的变革文学的主张，则几乎可说是新文化运动的直接导引。郭沫若曾说：“文学革命……追溯到清朝末年资产阶级的意识觉醒的时候。这个滥觞时期的代表，我们当推数梁任公。”从学术启蒙的角度，梁启超的文化贡献也可以纳入启蒙思想的体系之中。

1．“百科全书式”的学术大师

梁启超于学术研究涉猎广泛，在哲学、文学、史学、经学、法学、伦理学、宗教学等领域，均有建树，可以称得上是“百科全书式”的学术大师。他的著述有 2 000 万字之多，是古今中外少有的多产作家。

学术上，他的国学造诣毫无疑问是大师级的。他的著作，如《清代学术概论》、《中国近三百年学术史》、《先秦政治思想史》、《中国历史研究法》、《中国文化史》等，都具有很高的学术价值。他在这一方面的成就超过了其老师康有为。

文学艺术方面，他是文章大家，文笔犀利，煽动性极强。他的书法艺术也有很高的造诣，早年研习欧阳询，后从学于康有为，宗汉魏六朝碑刻。他的近 2 000 万字的书稿，都是一笔一画工整地用毛笔写出来的。

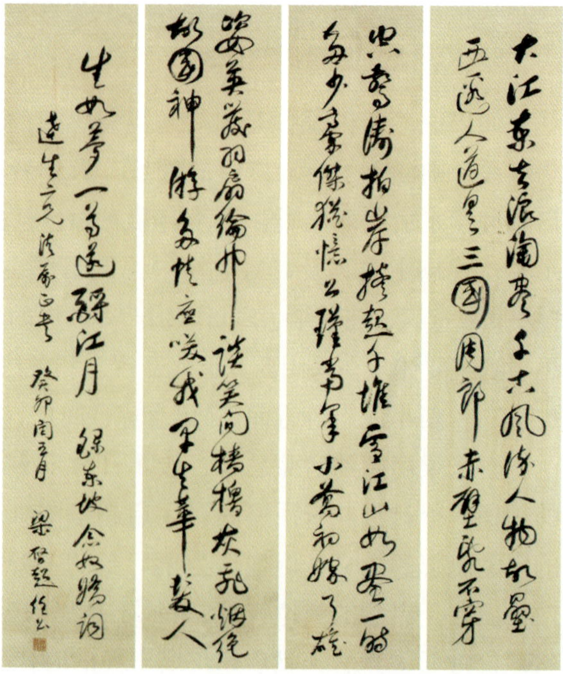

图 71　梁启超的书法

在新闻领域，他主办报刊、出版书籍并且撰写了大量评论，几乎无人能够企及。

他是著名的教育家，率先引进西方学制和管理制度。他不仅有蔡锷这样优秀的学生，而且推荐了有真才实学却无学位和著作的陈寅恪担任清华国学院的导师，传为中国教育史上的佳话。而清华的另一位导师王国维，曾经是梁启超在上海主持的《时务报》的一个小书记员。梁启超教子有方，培养的9个子女都成为贡献突出的人才。

2. 批判封建史学的“史学革命”

梁启超尤长于史学，并于1901—1902年发动了“史学革命”。他先后撰写了《中国史叙论》和《新史学》等，批判封建旧史学“知有朝廷而不知有国家”、“知有个人而不知有群体”、“知有陈迹而不知有今务”、“知有事实而不知有理想”。认为“史界革命不起，则吾国遂不可救！悠悠万事，惟此为大”。他用西方的史学方法重新整理国故，尤其是欧游归来之后，把主要精力从史学革命的发动具体到实践，侧重于先秦诸子、清代学术、史学和佛学的研究。1922年起在清华学堂兼课，1925年应聘任清华国学研究院导师，指导范围为“诸子”、“中国佛学史”、“宋元明学术史”、“清代学术史”、“中国文学”、“中国哲学史”、“中国史”、“史学研究法”、“儒家哲学”、“东西交流史”等。他的大量高水准的学术著作，就是在这个时期完成的。

3. 变革文学的“三界革命”

梁启超在散文、诗歌、小说、戏曲及翻译文学方面均有作品行世，尤以散文影响最大。在文学理论方面，他引进了西方文化及文学新观念，首倡近代各种文体的革新，提出的“诗界革命”、“小说界革命”和“新文体革命”，被称为“三界革命”。例如，以梁启超1905年的《俄罗斯革命之影响》为代表的文章，带有“策士文学”的风格，被人们当作“新文体”的典范，成为“五四”以前最受欢迎、模仿者最多的文体。胡适说：“梁先生的文章……使读者不能不跟着他走，不能不跟着他想！”梁启超自己也在《清代学术概论》中说：“启超夙不喜桐城派古文，幼年为文，学晚汉魏晋，颇尚矜炼。至是自解放，务为平易畅达，时杂以俚语韵语及外国语法，纵笔所至不检束，学者竞效之，号‘新文体’。老辈则痛恨，诋为‘野狐’。然其文条理明晰，

笔锋常带情感，对于读者别有一种魔力焉。”梁启超的“三界革命”，开白话文先河，启新文化运动，是中国近代文化与现代文化交替时期的重大事件。

4. 引发科玄论战

梁启超早期的文化变革的基本理念和方法是把西方文化当作一种催化剂，来催生中国新文化。1918 年，欧洲之行之后，他写下了《欧游心影录》，标志着他晚年的文化观转向温和。近年来，人们对梁启超关于中国传统与西方现代性的关系问题予以了特别的关注。晚年的梁启超在重视中西方的时代落差的前提下，看到了西方现代性的弊端，试图在推进中国现代化的同时，避免西方业已出现的症状。他因而强调不能迷信西方文化，“科学万能论”不足训，而应当“重新估定一切价值”，从而将西方反省现代性的文化批判引入了中国。这种对科学的反思和权威性质疑的观点，引发了 20 世纪 20 年代中国文化史上著名的“科学与玄学”的激烈论战，梁启超当时被界定为“玄学派”。随着对梁启超研究的深入，人们认识到，梁启超晚年对传统文化的“复归”，实质是“中西调和”论或“化合中西”的文化观，他寻求的是中西文化“价值的发现”及其“调和的可能”，是在当时文化精英群中“言必称希腊”的态势下一种文化的自信与自强。

图 72　梁启超故居内景

不幸的是，一代文化泰斗梁启超于 1929 年因肾病在北京协和医院动手术失败去世，终年 57 岁。当他得知在自己身上发生了致命的医疗事故，人们群情愤慨要医院负责时，他担心事件会影响新兴的西医在中国的发展，竟然在病床上写文章为协和医院和医师辩护，还允诺在自己死后将脑部捐献给医院。这个被当作“玄学派”的人，是在用自己的生命宣告他对科学的崇尚！他去世后，其灵柩被送往北京西山卧佛寺（今北京植物园内），与发妻李蕙仙合葬。其墓园由梁启超之子、中国著名建筑学家梁思成设计。1983 年梁启超诞辰 110 周年时，为纪念这位杰出的思想家和政治活动家，人们在广东省江门市新会区会城镇茶坑村修葺了梁启超故居并建成纪念馆，该地成为全国重点文物保护单位和广东省爱国主义教育基地。2006 年，在由国学网、中国人民大学国学院等主办的全国网民参与的“十大国学大师”评选活动中，梁启超被选为“十大国学大师”之一。

二十、孙中山

——中国民主革命的伟大先行者

孙中山先生是封建帝制的掘墓人和民主共和的开创者，是将中国由近代牵引到现代历史的火车头，是中国求得民族独立、人民幸福和国家富强的革命领袖，历史给予他“中国民主革命的伟大先行者”的殊荣。孙中山生于香山，长于广东，广府的地域文化开放包容、务实求新，常得风气之先，深深影响了孙中山的革命理念、革命精神和革命方法。终其革命生涯，广州始终是他施展抱负的训练场、实践政治理想的根据地，是他热切思恋与回馈的故园。（王杰等《论孙中山的广州地域文化情结》）孙中山文化取向的基调是“开放”与“创新”，这是岭南文化重要特色的体现，也是特定的岭南故土所培育的结果。（黄明同等《孙中山的儒学情节》）我们把孙中山先生作为本书最后介绍的广府先贤，表明“领风气之先”的广府文化、岭南文化在近现代之际，已经达到了历史的最辉煌时期。

孙中山（1866—1925年），广东香山（今中山）人。中国近代伟大的民主革命家、思想家。幼名帝象，学名文，字德明，号日新，后改号逸仙，旅居日本时曾化名中山樵，“中山”因而得名。1903年始有孙中山之称，同盟会成立后多以总理称之。他出生农家，出国学医，寻求救国真理。走上职业革命家之路后，创办“兴中会”，组建“中国同盟会”，发动辛亥革命，成立中华民国，建立中国国民

图73　孙中山像

党，推行“联俄联共”，为推翻封建帝制，建立民主共和耗尽毕生的精力，是中国伟大的民主革命先行者，在历史上建立了不可磨灭的功勋。他首次提出“振兴中华”的口号，创立“三民主义”的学说，倡导“天下为公”的理念，为后继者留下了珍贵遗产。他有《建国方略》、《建国大纲》、《三民主义》等著述，1986 年中华书局出版了《孙中山全集》11 卷本。

（一）振兴中华上下求索的爱国青年

孙中山诞生于太平天国失败后的第二年，与洪秀全反清不同的是，孙中山把反清王朝与反封建帝制结合起来，把反对本国的封建统治与反对外国帝国主义列强结合起来。他青少年时期就有着救国救民的情怀，出国留学寻求真理，为了振兴中华而上下求索。

1. 生于农家，勤劳勇敢

孙中山出生于广东省香山县翠亨村，其家族本为中原世族，唐末迁居江西宁都，元明后粤始祖友松公自福建长汀河田迁粤。躬耕数代，到祖父孙敬贤这代已经没有什么田产了。为生计所迫，孙中山的父亲孙达成 16 岁到澳门做鞋店学徒和裁缝，32 岁返回故里，与邻村杨氏结婚，居住在村边一间简陋的小砖屋里，靠租种两亩田地过活，还兼做村中更夫。

由于“生而为贫困之农家子”，幼年的孙中山经常因没有鞋子穿而赤脚走路。当时他很难吃上米饭，主要以番薯为食粮。他从小参加劳动，6 岁时就跟着姐姐放牛、砍柴、捞塘飘（猪饲料），稍大就下田插秧，与外祖父出海取蚝。他的勤劳勇敢，让村里人赞不绝口。幼年时的经历使得他对农民的困苦境遇和要求有着较深刻的了解与切身感受。他后来十分关注民生问题，就出于他对农民、对穷人的同情和了解，所以被称为“布衣总统”。

孙中山有兄弟姐妹 6 人，沉重的家庭负担迫使孙中山的长兄孙眉 15 岁到邻乡地主程名桂家做工，16 岁跟亲戚远赴檀香山谋生，先做雇工，后经营畜牧业和土地开发，终于成了檀香山知名的华侨资本家，有能力接济家里，孙中山的生活才慢慢好了起来。

2. 出洋留学，立志救国

1878 年，12 岁的孙中山随母赴檀香山，在孙眉开设的商店里当店

员，业余学习会计，并学会了当地的日常语言。孙眉见孙中山很聪明，又有强烈的求知欲望，肯刻苦学习，就在第二年送他进学校读书，使他在村塾的学业得以继续。在孙眉的资助下，孙中山先后在檀香山、广州、香港等地系统地接受了西式教育。他先在火奴鲁鲁英基督教监理会所办的意奥兰尼男子中学读初中，后进入美基督教公理会设立的奥阿厚书院读高中。1883 年，在檀香山读书的孙中山受到基督教“博爱”思想的影响，欲受洗加入基督教。孙眉恐其“越轨”被父母督责，便令其返回故乡，并要他娶妻生子，孙中山被迫于 1883 年 7 月离开檀香山。1884 年 11 月至 1885 年 4 月，孙中山再次来到檀香山孙眉的商店里佐理商务。1885 年，孙中山到香港中央书院就读。

正处于成长期的孙中山在海外留学的生活和学习中，开拓了胸怀和眼界。他在校勤奋学习，成绩优秀，广泛阅读中外书籍，进步很快。课余时间除自修中文外，还特别爱读华盛顿、林肯等资产阶级革命家的传记，也接触了一些资产阶级的社会政治学说，使他对西方文明产生了“好感”，丰富了民主思想和近代科学知识。他后来自述当时的情景说：“始见轮舟之奇，沧海之阔，自是有慕西学之心，穷天地之想。”虽然海外留学受的是殖民教育，但并没有磨灭他的爱国理想。他在香港中央书院读书期间，爆发了中法战争，战争双方在军事上各有胜负，却由于清朝统治者的腐朽昏庸，最后法国强迫清政府签订了丧权辱国的不平等条约。当时人称“法国不胜而胜，中国不败而败”。这使孙中山非常气愤，也进一步激发了他的爱国主义情感，明确了改革现状的志向。香港各阶层的反帝爱国斗争，也深深鼓舞着孙中山。他评述这些斗争“证明中国人民已经有相当觉悟”，“表示中国人还有种族的团结力”，并且坚信“中国不是没有办法的”。这些对于孙中山的资产阶级民主革命思想的形成都起到了重要作用。

3. 悬壶济世，解救民难

从香港中央书院毕业后，孙中山曾为升学和未来的职业选择问题做过一番考虑。有些朋友劝他捐个一官半职，步入官场；另一些朋友则希望他投考神学院，将来做一名传教士；他自己曾想过进入陆军学校、海军学校或法律学校，但最终决定学习医科。他认为“医亦救人之术”，可以通过战胜疾病，保障国民健康，使国家强盛起来，所以应该从学医着手进行拯救祖国的活动。因此，孙中山于 1886 年进入美基督教长老会所办的广州博济医院附属南华医学堂学习，1887 年进入香港雅丽氏医院开设的西医书院学习。

1892 年，孙中山从医学堂毕业后，先在澳门行医。他的医术精妙，而且为贫困病人免费治疗，因此，行医“不满两三月，声名鹊起”，他为葡医所忌，于 1893 年从澳门迁至广州，在西关冼基设东西药局。

孙中山将“创业”的地点选在广州，看重的是广府地区更适合鼓动革命。他觉察到当时的中国社会有许多不合理的地方。在行医之余，他经常与同道聚会商议国事，常对民众进行革命理论的宣传，结交反清秘密会社和革命志士，准备创立革命团体。其诊所有一处设在圣教书楼，专售宣传新思潮的书籍。

1894 年，孙中山北上天津，向当时的直隶总督北洋大臣李鸿章递交请愿信，提出“人能尽其才，地能尽其利，物能尽其用，货能畅其流”的改革主张，但未被接纳。这时的孙中山，正式走上了职业革命家的道路。

（二）推翻帝制建立共和的革命领袖

孙中山最大的历史功绩，就是从西方文化中引来共和的火种，燃起辛亥革命的烈火，推翻了清朝政府，结束了中国长达两千多年的封建专制制度，创建了中华民国，使古老的中国走向了现代，为振兴中华奠定了基础。在他近 40 年的革命生涯中，同帝国主义及封建势力进行了顽强的斗争，仅武装起义就有 11 次之多。他在民主革命中所起的作用和影响，是无人可以替代的。1939 年，毛泽东在《青年运动的方向》演讲中说：“中国反帝反封建的资产阶级民主革命，正规地说起来，是从孙中山先生开始的……”1956 年孙中山诞辰 90 周年之际，毛泽东发表了著名的《纪念孙中山先生》一文，评价孙中山为“伟大的革命先行者”。胡锦涛在孙中山诞辰 140 周年纪念大会上的讲话中说：“孙中山先生的一生，是为近代中国的民族独立、民主自由、民生幸福而无私奉献的一生，是为实现国家统一、振兴中华而殚精竭虑的一生。”

1. 创办“兴中会”

1894 年 10 月，28 岁的孙中山第三次来到檀香山，他此行的主要目的是建立反清革命组织。11 月 24 日，孙中山创办的兴中会成立大

会在檀香山火奴鲁鲁举行。孙中山确定了兴中会会名，制定了“振兴中华，挽救危局”的宗旨，通过了《章程》和《盟书》。孙中山令各会员填写《盟书》，以左手放置在《圣经》上面，高举右手宣誓：“联盟人某省某县人某某，驱除鞑虏，恢复中华，创立合众政府。倘有贰心，神明监察。”据统计，檀香山加入兴中会的人数共有126人。兴中会的成立，标志着近代中国第一个资产阶级革命团体的诞生和中国资产阶级革命活动的开始，也标志着孙中山由一个改良主义者转变为一个革命者。

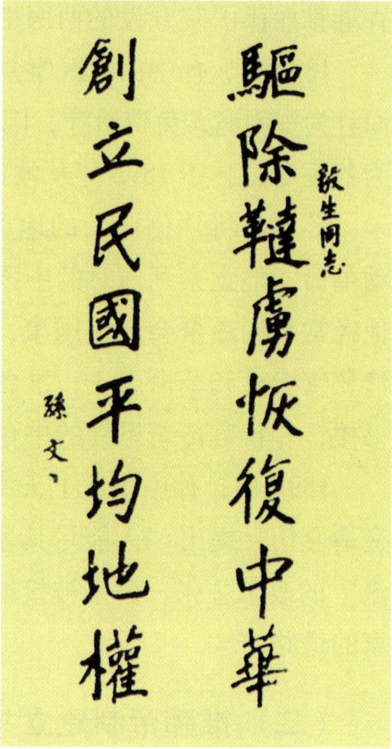

图74　孙中山手书同盟会纲领

1895年2月，孙中山在香港联合当地爱国知识分子的组织辅仁文社，建立香港兴中会。同年10月，孙中山密谋在广州起义，但事泄失败。清政府悬重赏缉拿孙中山，捉拿革命党人，孙中山被迫逃往海外。经日本、檀香山、纽约，转往英国和欧洲各地。为避免受到株连，孙中山将家人迁居檀香山，投奔孙眉。

孙中山在海外宣传革命，时常遭遇危险。1896年10月，孙中山在英国伦敦被清公使馆诱捕，经英国友人营救脱险。1904年3月，孙中山到达旧金山时，由于保皇分子告密，登岸时被移民局监禁于码头的木屋中，幸被友人营救。

在海外，孙中山一面向华侨宣传革命，一面详细考察欧美各国的经济政治状况，研究多种流派的政治学说，并与欧美各国进步人士接触，产生了具有特色的民生理论，三民主义思想由此初步形成。

2. 组建“中国同盟会”

1905年8月，孙中山与黄兴等人，以兴中会、华兴会等革命团体为基础，在日本东京组建了全国性的资产阶级革命党——同盟会，孙中山被推举为总理。孙中山拟订的“驱除鞑虏，恢复中华，创立民国，平均地权”的革命宗旨被确定为同盟会纲领。

在同盟会机关报《民报》发刊词中，孙中山首次系统地提出民族、民权、民生的“三民主义”思想。同盟会的成立，有力地促进了全国革命运动的发展。1895—1911年，孙中山与保皇派进行了激烈的论战，并策划了多次反清武装起义。

3. 发动辛亥革命

1910年11月，孙中山在马来西亚槟榔屿召开同盟会秘密会议，决定再发动一次大规模的广州起义。1911年4月27日，黄兴率120余名敢死队员直扑两广总督署，广州起义爆发，失败后其中72人的遗骸收葬于广州东郊黄花岗，因而广州起义又称“黄花岗起义”。广州起义虽然又失败了，却促使全国革命高潮的到来。

黄花岗起义失败不久，湘、鄂、川、粤四省掀起保路运动风潮，成为辛亥革命的导火线。湖北革命团体文学社、共进会在同盟会的影响和推动下，终于在1911年（农历辛亥年）10月10日发动武昌起义，辛亥革命爆发。武昌起义后，宣布成立湖北军政府，各地纷纷响应，两个月内全国有14个省宣布独立，清朝统治土崩瓦解。辛亥革命作为孙中山领导的中国资产阶级民主革命，结束了中国长达两千年之久的君主专制制度，是中华民族历史上一次伟大的革命运动，实现了中华民族的第一次大飞跃。

4. 成立中华民国

各省代表在汉口决定成立中华民国临时政府，1911年12月29日，17省代表在南京选举临时大总统，每省一票，在美国得知武昌起义的消息后于12月下旬刚刚回国的孙中山以16票当选。1912年1月1日元旦，孙中山在南京宣誓就职，定国号为中华民国，创立了中国历史上第一个共和政体。中华民国改用阳历，以1912年为民国元年，“双十节”是中华民国的诞生日，以五色旗为国旗。

由于当时革命派的力量有限且软弱涣散，新成立的国民政府没有足够的财政来源和军力，又得不到当时主导中国的帝国主义国家的承认和支持，为稳定局势，1912年2月，孙中山辞去了中华民国临时大总统的职务，由时任清政府内阁总理大臣、掌握军政实权的袁世凯继任中华民国临时大总统之位，辛亥革命的果实被袁世凯窃取了。

5. 建立国民党

1912 年 8 月，同盟会改组成国民党，孙中山被推举为理事长。

1912 年 8 月，袁世凯背弃孙中山辞职由其继位的条件，把中华民国的首都由南京迁至北京，且在 1913 年 3 月刺杀国民党代理理事长宋教仁，孙中山被迫主张武力讨袁，发动“二次革命”，但不敌势力强大的北洋军阀袁世凯，失败后再度逃亡日本。1914 年，孙中山在日本将国民党改组成立中华革命党。1915 年，孙中山与宋庆龄结婚。袁世凯称帝后于 1916 年因尿毒症不治而亡，黎元洪继任大总统。张勋复辟失败后，段祺瑞乘机掌控实权，黎元洪被迫弃职。以段祺瑞为首的北洋军阀解散国会和废弃《临时约法》。非常国会于 1917 年在广州召开，孙中山联合西南军阀，组织中华民国军政府，他被推举为大元帅，进行了反对北洋政府的护法军北伐。孙中山苦于没有自己的军队，处处受到桂系军阀的挟制，1918 年 5 月愤然去职，经日本赴上海，第一次护法战争失败。1919 年在上海创办《建设》杂志，并将中华革命党改组为中国国民党，总部由东京迁至上海，孙中山担任总理。至此，中国历史上第一个资产阶级政党诞生。

图 75　孙中山大元帅像

1921 年，非常国会又在广州议定组织中华民国正式政府，孙中山就任大总统，再举护法旗帜。1922 年 6 月，掌握广东军队统率权的陈炯明发动叛乱，孙中山率海军奋战 50 余日，未能击败叛军，被迫离开广州赴上海。1923 年 2 月，由于陈炯明被滇军逐出广州，孙中山从上海返回广州，第三次在广州建立政权，成立陆海军大元帅大本营，复任大元帅。

6. 推行“联俄联共”

护法运动的失败、十月革命的成功和“五四”运动，给了孙中山

以极大的启示，使他看到了中国革命的希望和人民群众的力量，他加快了向联俄、联共思想的转变。1921 年，孙中山接受了苏俄和中国共产党反帝反封建的主张，决定国共两党实行合作。在中国共产党的帮助下，1924 年 1 月，中国国民党第一次全国代表大会在广州召开，孙中山主持了大会。大会通过新的党纲、党章，改组了国民党，选出有中国共产党人参加的中央领导机构。在大会通过的《中国国民党第一次全国代表大会宣言》中，孙中山重新解释了三民主义，充实了反帝反封建的内容，提出“联俄、联共、扶助农工”的三大政策。新三民主义的提出，标志着孙中山实现了他一生中第二次也是最伟大的一次转变，而改组后的中国国民党由资产阶级政党转变为工人、农民、小资产阶级和民族资产阶级的革命联盟。1924 年 5 月，孙中山在广州黄埔长洲岛创立陆军军官学校，为建立革命军队和后来北伐的胜利打下了基础。

1924 年秋，冯玉祥发动“北京政变”，推翻通过贿选登上民国大总统宝座的直系军阀曹锟。他邀请孙中山北上，共商国是。孙中山接受邀请，发表《北上宣言》，于 11 月离广州北上，先抵上海，再绕道日本赴天津。在孙中山北上途中，北京的政局发生了很大变化。军阀段祺瑞、张作霖成立了“中华民国临时执政府”，段祺瑞当上了“总执政”，而冯玉祥却被排挤到张家口去了。孙中山到达天津的当晚突发高烧，肝痛病倒，12 月 31 日抱病到达北京。1925 年 3 月 12 日，孙中山因长期为革命奔波，积劳成疾，患肝癌不治在北京逝世。

（三）提倡三民主义、天下为公的先哲

孙中山不仅是伟大的爱国者和革命家，他还是一名伟大的思想家。孙中山思想的核心是民族、民权、民生的三民主义，作为中国民主革命的旗帜，引领和推动着国民革命的进程。孙中山有《建国方略》、《建国大纲》、《三民主义》等著述，在其逝世后多次被结集出版，有中华书局 1986 年出版的 11 卷本《孙中山全集》和台北出版的《国父全集》等。

1. “三民主义”的学说

孙中山的早期革命思想集中体现于他在同盟会《民报》发刊词所张帜的“驱除鞑虏，恢复中华，建立民国，平均地权”，概括为“民

族、民权、民生”三大主义，简称“三民主义”。民族主义主要是指推翻清政府，在一定程度上反映了国内民族平等的进步思想，客观上体现了反对帝国主义侵略，实现民族独立的要求；民权主义是政治革命的根本体现，即要求推翻封建专制政体，建立资产阶级民主共和国，它是三民主义的核心思想，反映了中国人民反对封建专制统治的强烈愿望；民生主义是孙中山经济思想的核心，它在不根本废除封建土地所有制的基础上，部分地实行资本主义土地制度。后来，孙中山对原来的三民主义进行了修订，制定了“联俄、联共、扶助农工”三大政策，是谓新三民主义。1938 年，毛泽东在延安举行的纪念孙中山逝世 13 周年大会上指出：孙中山的伟大，“在于他的三民主义的纲领，统一战线的政策，艰苦奋斗的精神”。毛泽东在《新民主主义论》中又指出：“孙中山先生之所以伟大，不但因为他领导了伟大的辛亥革命（虽然是旧时期的民主革命），而且因为他能够‘适乎世界之潮流，合乎人群之需要’，提出了联俄、联共、扶助农工三大革命政策，对三民主义作了新的解释，树立了三大政策的‘新三民主义’。”

2.“天下为公”的理念

孙中山“天下为公”的理念来源于儒家的大同思想，早在 1919 年“五四”运动的大背景下，他就为复旦大学的学生题书“天下为公”，以后又曾多次题写赠送友人，并将此理念作为座右铭。

图 76　南京总统府内孙中山手书“天下为公”匾额

“天下为公”的理念落实到政治和制度上，就是提倡“直接民权”和实施“五权宪法”。他认为“直接民权”是“最好之民权制度”。（孙中山《地方自治为民国之础石》）他在《中国国民党第一次全国代表大会宣言》中提出：“近世各国所谓民权制度，往往为资产阶级所专有，适成为压迫平民之工具。若国民党之民权主义，则为一般平民所共有，非少数者所得而私也。”孙中山借鉴西方的“三权分立”民主制度，并在此基础之上另立考试权和监察权，形成“五权分立”，又称“五权宪法”。这就突破了原来“三权分立”的基本政治框架，建构出一种新的政治体制。孙中山“天下为公”的理念和“直接民权”、“五权宪法”的政治制度，凝聚了民主思想的精华，其中的闪光点，对今天的社会主义建设仍有着重要的借鉴作用。

3. “振兴中华”的事业

一百多年前，孙中山第一个喊出了“振兴中华”的口号。1894年，孙中山起草的《兴中会宣言》申明：“是会（指兴中会）之设，专为振兴中华，维持国体起见。”此后，在反帝反封建的民主革命中，无数革命志士为“振兴中华”的口号所激励，抛头颅，洒热血，终于推翻了清王朝的统治，结束了中国两千多年的封建君主专制制度，为挽救民族危亡、建设强盛的祖国而努力奋斗。

孙中山不仅具有杰出的革命思想，还有十分丰富的国家建设和管理思想。他认为，要振兴中华，就必须改变中国落后的经济状况，花大力气开发中国的资源，发展中国的实业，以此为“今后中国存亡的关键”。在他撰写的《建国方略》等著作中，提出了改造和建设中国的宏伟计划，包括许多现在已经完成或正在建设的项目，如最早提出在三峡建坝的设想；修建10万英里的铁路，以五大铁路系统把中国的沿海、内地和边疆连接起来，包括“火车进西藏”的设想；在上海一带建设中国东方大港的计划，等等。

当前，我们正在为中华民族实现伟大复兴而努力。每当我们走进翠亨村孙中山故居，或瞻仰南京中山陵，耳边都会响起“革命尚未成功，同志仍需努力”的“总理遗训”。中国民主革命的先行者孙中山的不朽事迹，将永远激励着中华儿女！

参考文献

1. 蒋祖缘，方志钦．简明广东史．广州：广东人民出版社，1993
2. 李权时．岭南文化．广州：广东人民出版社，1993
3. 李锦全，吴熙钊，冯达文．岭南思想史．广州：广东人民出版社，1993
4. 张荣芳，黄淼章．南越国史．广州：广东人民出版社，1995
5. 吴凌云．赵佗．广州：广东人民出版社，2010
6. 胡守为．南越开拓先驱——赵佗．广州：广东人民出版社，2005
7. 吴永章．异物志辑佚校注．广州：广东人民出版社，2010
8. 钟东，钟易翚．葛洪．广州：广东人民出版社，2009
9. 卢央．葛洪评传．南京：南京大学出版社，2006
10. 钟万全．巾帼英雄冼夫人．广州：广东人民出版社，2004
11. 庄昭，高惠冰．巾帼英雄第一人——冼夫人．广州：广东人民出版社，2005
12. 白雄奋，吴兆奇，李爵勋．冼夫人文化全书．广州：中山大学出版社，2009
13. 洪修平，孙亦平．惠能．南京：南京大学出版社，2010
14. 陈泽泓．南派禅宗创始人——惠能．广州：广东人民出版社，2005
15. 郭朋．坛经校释．北京：中华书局，1983
16. 李锦全．岭海千年第一相——张九龄．广州：广东人民出版社，2005
17. 王镝非．张九龄．广州：广东人民出版社，2008
18. 龚伯洪．崔与之．广州：广东人民出版社，2010
19. 朱泽君．崔与之与岭南文化研究．北京：人民出版社，2010
20. 黄明同．明代心学宗师——陈献章．广州：广东人民出版社，2005

21. 张运华. 陈献章学术思想研究. 北京：人民出版社，2010
22. 黄明同. 湛若水. 广州：广东人民出版社，2010
23. 刘兴邦，江敏丹. 岭南心学传人——湛若水. 广州：广东人民出版社，2006
24. 何天杰. 清初爱国诗人和学者——屈大均. 广州：广东人民出版社，2006
25. 董上德. 屈大均. 广州：广东人民出版社，2008
26. 王金锋. 岭南睁眼看世界的先驱——梁廷枏. 广州：广东人民出版社，2007
27. 陈恩维. 梁廷枏评传. 北京：人民出版社，2007
28. 黄刚（选注）. 张维屏诗文选. 上海：华东师大出版社，1992
29. 朱杰民. 岭南名儒朱九江. 广州：广东人民出版社，2005
30. 蒋志华. 晚清醇儒——朱次琦. 广州：广东人民出版社，2007
31. 王惠荣. 陈澧思想研究. 北京：中国社会科学出版社，2008
32. 李绪柏. 清代岭南大儒——陈澧. 广州：广东人民出版社，2009
33. 王维. 百科全书式的学者——邹伯奇. 广州：广东人民出版社，2007
34. 南海政协文史资料委员会. 近代科技先驱邹伯奇. 政协南海县委，1987
35. 南海政协文史资料委员会. 陈启沅与南海县纺织工业史专辑. 政协南海市委，2002
36. 刘圣宜. 郑观应. 广州：广东人民出版社，2009
37. 易惠莉. 郑观应评传. 南京：南京大学出版社，1998
38. 马洪林. 康有为大传. 沈阳：辽宁人民出版社，1988
39. 赵立人. 康有为. 广州：广东人民出版社，2007
40. 董士伟. 康有为评传. 南昌：百花洲文艺出版社，2010
41. 经盛鸿. 詹天佑评传. 南京：南京大学出版社，2001
42. 胡文中. 詹天佑. 广州：广东人民出版社，2009
43. 吴廷嘉，沈大德. 梁启超评传. 南昌：百花洲文艺出版社，2010
44. 焦润明. 梁启超启蒙思想研究. 沈阳：辽宁大学出版社，2006
45. 袁咏红. 梁启超图传. 武汉：湖北人民出版社，2010
46. 蒋广学. 梁启超评传. 南京：南京大学出版社，2005

47. 张磊，张苹. 民主革命的先行者——孙中山. 广州：广东人民出版社，2005
48. 黄明同. 孙中山的儒学情结. 北京：社会科学文献出版社，2010
49. 陈兆丰. 孙中山. 上海：上海教育出版社，2010

部分图片来源

图 1　南越王赵佗雕像，图片来源：中国雕塑网

http：//www. diaosu. cn/Opus/Cuprum/2010/11/10111936268CK. html

图 6　“獬豸”是中国传统法律文化的象征，图片来源：中国网

http：//www. china. com. cn/law/txt/2007 – 12/19/content_ 9402160. html

图 7　杨孚井，图片来源：淘讯网

http：//www. taoxoo. com/l – sightseeing/historical – sites/2008110918251. html

图 8　广州漱珠岗纯阳观，图片来源：广州旅游网

http：//www. visitgz. com/jtb/zt/hzq/hzjdtj/195491. html

图 14　冼太夫人塑像，图片来源：海南在线

http：//news. hainan. net/newshtml08/2010w3r25/622396f1. html

图 15　冼太夫人石雕像，图片来源：三亚网

http：//www. dmcsanya. com/Info/show – 382 – 17 – 0. html

图 16　冼太夫人被敕封为“谯国夫人”的匾额，图片来源：南海网

http：//www. hinews. cn/news/system/2005/07/05/000053530. shtml

图 18　南华寺六祖惠能真身，图片来源：中国甲骨文艺术网

http：//www. 86jgw. com/shownews. asp？ id = 3629

图 19　夏卢村惠能故居旧址建的“六祖纪念祠”，图片来源：广东青旅

http：//www. 17u. com/wd/detail/4_ 228795

图 23　张九龄雕像，图片来源：深圳特区报

http：//sztqb. sznews. com/html/2008 – 12/10/content_ 447447. html

图 24　梅关古道，图片来源：中国经济网

http：//www. ce. cn/culture/people/201007/29/t20100729_ 21668258. shtml

图 29　陈献章塑像，图片来源：南方都市报

http：//www. 360doc. com/content/09/0808/10/161879_ 4748789. shtml

图 30　皇上赐给陈献章母亲的贞节牌坊，图片来源：广东自驾游

http：//www. 5200cc. com/html/youzaiguangdong/youzaijiangmen/20090711/3978. html

图 33　湛若水雕像，图片来源：网易博客

http：//xtzrs. blog. 163. com/blog/static/1772873201041553535557/

图 34　湛若水在西樵山留下的诗刻，图片来源：网易

http：//travel. 163. com/06/0704/17/2L71T7DU00061DP5_ 3. html

图 35　湛若水墓，图片来源：广州视窗

http：//travel. gznet. com/wmny/wmny_ zx/200805/t20080504_ 587149_ 10. html

图 47　朱九江纪念堂，图片来源：豆瓣网

http：//www. douban. com/note/60871247/

图 55　邹伯奇指导绘制的浔冈洲地图，图片来源：南都网

http：//epaper. oeeee. com/B/html/2009 -05/07/content_ 783109. htm

图 56　邹伯奇铜像，图片来源：晶报

http：//jb. sznews. com/html/2008 -04/01/content_ 115094. html

图 59　陈启沅使用的蒸汽缫丝机器模型，图片来源：南方网

http：//fs. southcn. com/lywhj/cqfs/yxp/content/2008 -09/24/content_ 4616810. html

图 62　康有为中进士所竖旗杆夹石，图片来源：广佛都市网

http：//www. citygf. com/hdzt/2710/2718/200909/t20090916_ 121139. html

图 72　梁启超故居内景，图片来源：网易博客

http：//ruan999. blog. 163. com/blog/static/207813220076349033O/